니체의
아포리즘

실존주의를 선도한 프리드리히 니체의 철학

니체의 아포리즘

초판 인쇄 2025년 6월 17일
초판 발행 2025년 6월 25일

지은이 니체
펴낸이 김태헌
펴낸곳 물학홀릭

주소 경기도 고양시 일산서구 대산로 53
출판등록 2021년 3월 11일 제2021-000062호
전화 031-911-3416
팩스 031-911-3417

니체의 아포리즘

1장 "굳건한 정신은 무거운 짐을 짊어진 채 사막을 걸어간다."

2장 "그대 자유인이여, 고요한 침묵의 시간을 가져라!"

3장 "나의 가장 부드러운 것이 가장 엄격한 것이 되어야 한다."

4장 "진부하기 짝이 없는 푸념들을 지혜로 받아들이지 마라."

5장 "이토록 혼란한 세상에서, 나의 의지는 갈수록 더 단단해진다."

니체의 아포리즘

니체 지음

실존주의를 선도한 프리드리히 니체의 철학

프리드리히 니체는 인간의 삶을 위안하고 격려한 대표적인 철학자입니다. 그의 문장은 한 편의 산문시 같고 잠언 같으며, 때로는 기도문 같은 매력을 지녔지요. 그 아래 깃들어 있는 정서는 차가운 듯 하면서 한없이 따뜻하며, 강렬하고 매정한 듯 하면서 더없이 순수합니다.

무엇보다 니체의 철학은 개인으로서 인간의 주체적 존재성을 강조합니다. 인간만이 본질보다 실존이 앞서는 존재이므로 스스로 자기 초월을 위해 노력해야 한다고 이야기하지요. 그 과정에 '신은 죽었다.'라는 유명한 명제를 언급하지만, 그것은 무작정 신에 의탁해 자신의 삶을 탐구하지 않던 당시 사람들에 대한 경고로 이해할 수 있습니다.

니체는 능동적인 진리 추구를 비롯해 선과 도덕의 실현을 강조합니다. 그러기 위해 끊임없이 자기 성찰을 해야 한다고 말하지요. 세상과 인간을 관찰하는 그의 날카로운 시선과 핵심을 간파한 해석들을 생기 충만한 문장에 담아냈습니다. 따라서 그의 글모음은 위대한 사상의 건축물이자, 인간의 각성을 자극하는 각각의 경구(警句)라고 할 수 있지요.

니체는 자유주의자이기도 했습니다. 그는 어떠한 구속과 부자유도 받아들이지 않았지요. 자신의 감정에 충실했으며, 여하한 동정조차 거부했습니다. 세상의 억압에 대해 본질적인 저항 의식을 가졌지요. 그래서 어떤 사람들은 니체를 허무주의자로 오해하기도 했습니다. 하지만 그는 누구보다 삶에 대한 강한 의지와 책임감을 품은 인물이었지요.

인류 역사상 인간이 완전한 존재였던 적은 없습니다. 기쁨과 환희의 순간보다 더 큰 좌절과 두려움, 슬픔의 시간이 인간의 삶을 지배해왔지요. 따라서 인간은 항상 불안을 느끼는 존재였습니다. 그럴 때마다 니체 같은 철학자의 깨달음이 위안과 격려를 전했지요. 이 책은 니체가 남긴 방대한 글에서 200가지 문장을 가려 뽑았습니다. 그의 저서 『차라투스트라는 이렇게 말했다』를 중심으로 『인간적인 너무나 인간적인』, 『선악을 넘어서』, 『아침놀』 등에 들어 있는 글이지요.

물론 한 사람의 철학자를 온전히 이해하기 위해서는 그의 저서를 통독(通讀)할 필요가 있습니다. 그러나 우리가 다사다난한 일상생활을 하면서 위대한 철학이나 사상이 담긴 두툼한 책에 집중하기는 쉽지 않지요. 바로 그런 현실에서 탄생한 책이 『니체의 아포리즘』입니다. 이 책이 니체의 철학을 전부 설명한다고 말할 수는 없지만, 일부의 글을 발췌하다 보니 앞뒤 문맥을 이야기하지 못한 한계가 있지만, 그럼에도 독자들에게 소박한 자성(自省)의 시간을 안겨주리라 기대합니다.

1장

굳건한 정신은
무거운 짐을 짊어진 채 사막을 걸어간다.

001
그리하여 초인(超人)을 가르친다

인간은 극복되어야 할 무엇이다. 당신은 자신을 극복하기 위해 어떤 노력을 했는가? 당신은 거세게 들이닥치는 밀물의 흐름 속에서 썰물이 되기를 바라지 않았나? 당신은 자신을 극복하려는 노력 대신 동물 같은 존재로 되돌아가기를 원하지 않았나?

일찍이 당신은 원숭이였고, 지금도 여전히 원숭이일 뿐이다. 인간에게 원숭이는 어떤 것인가? 단지 웃음거리거나 치욕스런 조롱의 대상이 아닌가? 어느새 당신은 그와 같은 존재가 되어버렸다. 그리하여, 나는 당신에게 초인을 가르치려 하는 것이다!

002

먼저 바다가 되어라

당신의 몸이 당신의 영혼에 대해
무엇을 이야기하는지 귀 기울여보라.

지금 당신의 영혼은
빈곤과 더러움에 찌들어 있지 않나?
불쌍하게도, 안락만을 누리려는
안일함으로 영혼이 물들어 있지는 않나?

아, 인간은 불결한 강물.
그러므로 당신은 먼저 바다가 되어야 하리.
그렇게 불결해지지 않으면서
불결한 강물을 받아들여야 하리.

003
나는 사랑한다

나는 사랑한다. 주사위 게임에서 승리한 뒤 그것을 부끄러워하며 자신이 도박꾼이 아닌지 스스로에게 자문하는 사람들을.

나는 사랑한다. 어떤 행동을 하기 전에 금언(金言)을 다짐하며 항상 자신이 약속한 것 이상을 실천하기 위해 노력하는 사람들을.

나는 사랑한다. 미래 세대를 두둔하고 보호하고 인정하는 한편 지나간 세대를 존중하며 구원하는 사람들을.

나는 사랑한다. 때로는 자신을 잊은 채 삼라만상을 자기 안에 감싸 안을 만큼 아름다운 영혼이 넘쳐흐르는 사람들을.

나는 사랑한다. 자유로운 머리와 자유로운 심장을 가진 사람들을. 그들에게 머릿속 정신은 심장에 있는 내장과 다를 바 없는 것.

004
춤추는 별을 낳으려면

　슬프구나. 끝내 인간이 별을 낳지 못하는 때가 오고야 말겠구나. 스스로 자신을 업신여길 줄 모르는, 그야말로 경멸스럽기 짝이 없는 사람들의 시대가 오고 있구나.

　나는 당신에게 행실이 아주 나쁜 마지막 사람들, 즉 말종(末種) 인간에 대해 이야기하는 것이다. 그들은 "사랑이 대체 뭔데? 창조가, 동경이 대체 무엇인데? 별은 또 뭔데?" 하고 심드렁히 묻는다. 아, 그들은 알지 못한다. 춤추는 별을 낳으려면 인간이 자기 자신 안에 혼돈을 간직하고 있어야 한다는 사실을.

005
완전히 영리해지고 싶다

나는 아직 살아 있는가?

나는 사람들 사이에 있는 것이 짐승들 사이에 있는 것보다 위험하다고 믿는다. 그러니 짐승들이여, 나의 험난한 앞길을 이끌어다오.

나는 허공을 응시하며 혼잣말을 중얼거린다.

"나는 영리해지고 싶구나! 나를 인도하는 한 마리의 뱀처럼 완전히 영리해지고 싶구나!"

하지만 그것은 어쩌면 불가능한 소망. 나는 그저 그와 같은 영리함으로 긍지를 느끼게 되기를 바랄 뿐. 어느 순간 그 영리함이 내게서 멀리 달아난다면, 그런 날이 온다면 나의 긍지도 영영 사라져버리고 말겠지…….

006
강인한 정신의 짐

강인한 정신은 무거운 짐을 요구한다. 무거운 짐이란 무엇인가?

고통스럽지만, 자신의 교만을 깨닫기 위해 자신을 낮추는 것. 자신의 지혜를 비웃으며 얕잡기 위해 자신의 어리석음을 고백하는 것. 어떤 일에 승리했을 때 짐짓 그 일로부터 멀찍이 물러서는 것. 초근목피로 연명하면서도 진리를 좇기 위해 영혼의 굶주림을 묵묵히 견뎌내는 것. 당신이 들려주고 싶어 하는 것을 듣지 못하는 자들과도 기꺼이 우정을 맺는 것. 자신을 경멸하는 사람들을 사랑하며, 정체불명의 유령이 겁박하더라도 용기 내어 손을 내미는 것.

그 밖에 또 어느 것이 강인한 정신이 요구하는 무거운 짐이란 말인가? 참을성 많은 굳건한 정신은 그 모든 무거운 짐을 짊어진 채 사막을 걸어간다, 낙타처럼.

007
그냥 받아들이는 것

우리는 이렇다 할 판단 없이
무언가를 그냥 받아들인다.

그 일에 대해 아무것도 모르기 때문에.
그 일이 너무 흔하게 일어나 무감각하기 때문에.
또한, 그 일이 이미 널리 실행되고 있기 때문에.

우리는 종종 어떤 일을 인정하고 받아들일 때
선악과 이해와 타당성 따위를 생각하지 않는다.
그냥 무심결에 받아들일 뿐,
특별한 인정의 기준으로 삼지 않는 것이다.
그것은 곧 전통이나 인습의 이름을 부여받는다.

008
꿀잠을 자려면

잠을 잘 자는 것은 축복이며, 대단한 기술이다. 다음날을 힘차게 맞이하려면 반드시 꿀잠을 자야만 한다. 그렇다면 잠을 잘 자기 위해 어떻게 해야 할까?

낮 동안 자신을 열 번 극복해야 한다. 그래야만 몸이 적당한 피로를 느끼게 되고, 영혼이 안식을 갈망한다.

낮 동안 자신과 열 번 화해해야 한다. 자기 자신을 극복하기 위해 긴장감만 높이고 화해하지 못하면 꿀잠에 빠져들기 어렵다.

낮 동안 열 가지 진리를 좇아야 한다. 그렇지 않으면 진리를 향한 목마름이 밤잠을 괴롭혀 영혼이 불면에 시달리게 된다.

낮 동안 열 번은 웃어야 한다. 그렇지 않으면 잠결에 슬픔의 손아귀가 다가와 숙면을 방해하기 십상이다.

009
몸의 소리에 귀 기울여라

　당신이 '정신'이라고 일컫는 작은 이성은 몸의 도구일 뿐이다. 정신은 거대한 이성의 일부분이며 장난감에 불과하다는 말이다. 당신은 '자아(自我)'를 운운하며 막연한 자부심을 느끼고는 한다. 하지만 그것은 착각이다. 당신이 선뜻 믿기 어렵겠지만, 당신의 몸이 그보다 훨씬 더 위대하다. 진정 위대한 것은 당신의 몸이라는 거대한 이성이다. 그 이성은 자아를 떠벌이기보다 자아를 행동한다.

　그러니 건강한 몸의 소리에 귀 기울여보라. 무엇보다 정직하고 순수한 몸의 소리에. 그것이 당신에게 대지의 뜻을 전해준다.

010
덕(德)을 칭송하라

덕은 당신의 영혼을 고통스럽게도,
때로는 달콤하게도 만든다.
그것은 어떤 이름으로도 표현할 수 없이
저 높은 곳에 자리한다.
당신이 그 덕에 대해 이야기해야 한다면,
결코 부끄러워하지 말고 말문을 열어라.
"그것은 나의 선(善)이며 분명한 사랑입니다.
어느 곳도 아닌 이 땅에서 실천하는 것입니다.
그 덕이 지금 내 곁에 둥지를 틀었습니다.
황금 알을 품고 있습니다."라고.
다시 강조하건대,
당신이 덕에 대해 이야기할 때는
더듬거릴지언정 절대 부끄러워하지 말아야 한다.

011
피로 쓰는 글

나는 피로 쓴 글만을 사랑한다. 당신이 글을 쓰려고 한다면, 피로써 써야 한다. 피가 곧 정신인 것을 깨달아야 한다.

그런데 다른 이가 피로 쓴 글을 이해하는 것은 무척 어려운 일이다. 나는 게으른 독자들을 증오한다. 작가는 그런 독자들을 위해 어떤 글도 써서는 안 된다. 그런 독자들이 백 년을 산다면 천지간에 정신의 썩은 냄새가 진동하리라. 모든 사람이 글을 읽을 줄 안다고? 그렇다면 결국 글뿐만 아니라 정신 자체가 썩어문드러질 것이다. 오래전 신이었던 정신이 인간이 되었고, 이제는 그중에서도 천민으로 타락하고 말았다.

피로써 글을 쓰는 작가는 무엇을 바라는가?

그는 자신의 글이 독자에게 읽히는 것이 아니라 암송되기를 원한다.

012
감당할 수 있는 짐

사람들이 말한다.
"삶이 너무 힘들어요!"라고.

체념하는 것이다.
아침에는 용기와 긍지를 가졌던 사람들이
저녁이 되기도 전에
희망을 잃고 단념하는 것이다.

그러나 명심하라.
삶은 원래 감당키 어려운 것.
그럼에도 그처럼 나약하게 구는 태도는
결코 바람직하지 않다.

우리는 모두 무거운 짐을 질 수 있는
귀여운 나귀들이 아닌가!

013
나비와 비눗방울처럼

우리가 어느덧 삶에 익숙해져
삶을 사랑하는 것은 아니다.
우리는 사랑에 익숙해졌기 때문에
삶을 사랑하게 된 것이다.
그 사랑에는 약간의 환상이 흐르고 있고,
그 환상에는 또 약간의 이성이 깃들어 있다.
내가 보기에
행복해 대해 가장 많이 아는 것은
나비와 비눗방울,
그리고 나비와 비눗방울 같은 사람들.
그처럼 단순하고 경쾌하며
우아하게 움직이는 영혼들을 보면
뭉클한 마음으로 노래 부르지 않을 수 없다.

014
내가 나를 내려다본다

나는 일찍이 걷는 법을 배웠다.
그리고 계속 달려왔다.
그 후로 나는 날아오르는 법을 배웠다.

이제 더 이상
누가 나를 움직이게 할 필요가 없어졌다.

나는 가볍다.
나는 하늘을 날 수 있다.
한 걸음 더 나아가
나는 나 자신을 내려다볼 수 있다.

나를 빌어, 신이 율동한다.

015
나무 같은 인간

우리의 눈에 보이지 않는 거센 바람이 나무를 뒤흔든다. 나뭇가지와 이파리를 괴롭혀 이리저리 구부리며 신음하게 만든다. 인간 역시 나무와 같은 존재. 우리에게 보이지 않는 어떤 손이 우리를 마구 뒤틀어 고통 받게 한다.

그뿐인가. 인간이 더 높은 곳으로 가지를 뻗으려 할수록, 인간이 더 밝은 곳으로 이파리들을 밀어 올릴수록 나무의 뿌리는 더욱더 절박하게 땅속으로 파고든다. 아래로, 아래로, 짙은 어둠이 가득한 수렁으로. 때로는 악(惡)의 한가운데로 뿌리를 자꾸만 뻗어나간다.

016
무엇을 바라는 걸까

나는 높은 곳으로 오르려 한다. 높은 곳에 오르고 나면, 나는 항상 혼자다. 누구도 내 곁으로 다가서지 않는다. 나는 외로움의 냉기 속에서 부르르 몸을 떤다. 나는 왜 이토록 높은 곳에 오르려 하는 걸까?

나의 가슴은 선망과 멸시를 함께 품는다. 내가 선망하는 곳을 향해 높이 오를수록, 나는 나 자신을 멸시한다. 그토록 간절히 바라던 것을 경멸하게 되는 것이다. 나는 왜 이토록 높은 곳에 오르려 하는 걸까?

어느 때는 높은 곳을 향해 걸으며 숨을 헐떡이는 나 자신이 불쌍하게 느껴진다. 힘에 부쳐 비틀대는 내 모습이 창피하기도 하다. 하늘을 훨훨 날아 높은 곳에 쉽게 다다르는 자는 또 왜 그렇게 미운지. 그렇게 높은 곳에 이르고 나면 심한 피로감이 몰려온다.

017
자신을 정화하라

아직 당신은 자유롭지 못하다. 자유를 향한 갈망이 오히려 당신을 옭죄어 잠들지 못하게 한다. 당신은 산꼭대기에 올라 반짝이는 영혼의 별을 바라보고 싶어 한다. 당신 마음속의 비루한 감정들도 목마르게 자유를 구한다. 마음속의 그 들개들이 어두컴컴한 지하실에서 쾌락을 달라며 짖어대기도 한다.

그런데 내가 보기에, 당신은 자유를 소원하는 한낱 죄수와 다를 바 없다. 그 죄수의 영혼은 놀랍게도 눈치가 빠르고 총명하다. 그와 더불어 간사하고 악독하기도 하다.

그러므로 당신이 진정 자유를 갈망한다면, 정신의 해방을 만끽하고 싶다면, 무엇보다 자기 자신의 불순함을 정화해야 한다. 당신에게 남아 있는 곰팡이들을 깨끗이 닦아내야 한다. 두 눈빛이 더욱 순수해져야 한다.

018
세상의 비참한 인간들

우리가 살아가는 대지에는 어디에도 쓸모없는 사람들이 가득하다. 우리의 삶이 그 같은 별 볼 일 없는 인간들 때문에 시커멓게 병들어 있다.

그들은 마음속에 사나운 야수를 품고 다니면서 쾌락에 빠져든다. 그들은 자기 자신을 아무렇게나 내팽개쳐 함부로 찢어발기는 일 말고는 아무것도 할 수 없는 하찮은 존재다.

정말이지 비참하고 끔찍하기 짝이 없는 그들을 인간이라고 말하기도 어렵다. 그들은 영영 인간이 되지 못할지 모른다. 아, 그들이 스스로 자신의 삶을 포기하겠다고 만천하에 선포하며 이곳을 떠난다면 얼마나 좋을까.

019
나도 그렇지 않은가

대가를 좇아
쉼 없이 일하는 것을 좋아하며
빠르고,
낯설어 새롭고,
편리한 것을 갈망하는 사람들.

그들은 결국 자신을 견뎌내지 못한다.

그들의 근면 성실은
삶으로부터 달아나려는 것이자,
자신을 망각하려는
헛된 의지일 뿐이다.

020

성자가 아니라면 전사가 돼라

나는 당신이 마음속에 품은
증오와 질투에 대해 잘 알고 있다.
당신은 여느 사람들이 그렇듯
증오와 질투에서 자유로울 만큼
위대할 수 없다.
하지만 당신은 틀림없이
증오와 질투를 창피해하지 않을 만큼은
위대해지는 것이 가능하다.
아울러 당신이 어떤 관념에 대해
진(眞)이라고 하는 것을 요구할 수 있는
인식의 성자(聖者)가 될 수 없다면
기꺼이 인식의 전사(戰士)가 되어라.
전사는 선구자이자 성자의 길동무이다.
무엇이 선이냐고?
전사의 용맹이 다름 아닌 선이다.

021
새로운 우상

국가는 냉혹한 괴물이다. 괴물은 싸늘한 거짓말을 일삼는다. 파괴자들은 수많은 사람들 앞에 덫을 놓아두고 국가라고 불러왔다. 그 덫 위에 한 자루 칼과 백 가지 욕망을 미끼로 올려두었다.

국가는 어리석은 군중을 위해 고안되었다. 국가는 그들 앞에서 "나는 가장 위대하다. 나는 세상에 질서를 가르치는 신의 손이다!"라고 소리친다. 국가는, 이 새로운 우상은 뭐든 원하는 것을 주겠다며 군중을 꾀어 매수한다.

나는 말한다. 착한 사람이나 악한 사람이나 모두 독약을 마시게 되는 곳이 국가라고. 착하든 악하든 모두 자신을 잃어버리게 만드는 곳이 국가라고. 더불어 국가는 사람들이 하나둘 스스로 목숨을 끊게 만들면서 그것이 삶이라며 왜곡한다고.

국가를 만든 파괴자들은 서슴없이 창작자들의 상상력과 현명한 이들의 보물을 훔친다. 그러면서 그 파렴치한 짓을 교육이라고 주장한다. 그 형편없는 자들이 권력과 돈을 탐한다.

022
세상의 소란에서 멀어져라

당신은 달아나야 한다,
당신의 고독 속으로!

지금 당신은 위인을 자처하는 자들의
번잡한 소란에 시달리며,
졸렬한 사람들의 가시에 찔려 피 흘리고 있다.

품위 있게 침묵할 줄 아는
숲과 바위를 향해 달려가라.
당신이 사랑하는 나무처럼 살아가라.

넓은 강물 위로 나뭇가지를 활짝 펼쳐
아무 말 없이
자연의 소리에 귀 기울이는 나무가 되어라.

023
파리 떼를 피하라

또다시 말하건대,
고독 속으로 달아나라!

당신은 너무 오랫동안
초라하고 안쓰럽기 짝이 없는 자들과
가까이 지내며 시간을 허비해왔다.
악취처럼 스며드는 그들의 복수로부터
당신의 몸을 피하라.
그렇다고 해서 그들을 때려잡겠다며
당신의 두 손을 번쩍 치켜들지는 마라.

그런 자들은 세상에 아주 많으므로,
굳이 당신의 삶이 그들을 때려잡는
파리채가 될 필요는 없다.

024
명료한 것과 모호한 것

많은 사람들이 분명한 이치를 가볍게 여기고는 한다. 단순 명료하게 설명할 수 있는 일을 별 것 아니라고 간주하기도 한다. 분명한 것, 명료한 것의 무게를 느끼지 못하는 것이다. 너무 확실하면 오히려 주목하지 않는 것이다. 그와 달리 많은 사람들이 어렵고 애매한 것에 특별한 무언가가 감추어져 있을 것이라고 짐작한다. 불분명하고 복잡한 것에 뭔가 중요한 것이 깃들어 있을 것이라고 생각하는 것이다.

하지만 분명한지, 불분명한지에 따라 진리의 가치가 좌우되는 것은 아니다. 단순명료한 것은 가볍고 애매모호한 것은 무거운 것이 결코 아니다. 그러므로 우리는 어떤 사항에 대한 마음의 움직임에 현혹되어서는 안 된다. 무엇이 간단해 보이는지, 복잡해 보이는지에 따라 진리의 가치가 판가름 나는 것은 아니라는 말이다.

025
나의 친구는 나

은자(隱者)는 말한다. "나의 곁에는 언제나 한 사람이 더 있다."라고. "하나에 하나를 곱하는데, 그 답은 항상 둘이 된다."라고.

그가 말하는 '나'와 또 다른 '나'는 밤낮없이 열심히 대화를 나눈다. 만약 그에게 언제나 곁에 머무는 친구가 없다면 얼마나 적적할 것인가. 모든 은자에게는 좀처럼 빠져나오기 힘든 무수한 심연이 존재한다. 그리하여 모든 은자는 단 한 사람의 친구와 그의 고매한 경지를 그리워한다.

당신에게도 그런 친구가 있는가? 그렇다면 곤히 잠든 그 친구의 얼굴을 가만히 들여다본 적이 있나? 친구의 얼굴이 투박한 거울에 비친 당신의 얼굴은 아니던가?

026

신념도 변화해야 한다

당신의 열정이 당신의 의견을 만든다. 그것이 당신의 주장으로, 다시 당신의 신념으로 견고해진다. 스스로 의견을 내세우고 발전시켜 주장과 신념으로 완성하는 것이다.

하지만 무조건 자기주장, 나아가 신념에 집착하는 것에는 심각한 위험이 뒤따른다. 신념을 가진 사람은 언뜻 대단해 보이지만, 그것이 융통성 없는 일방통행의 신념이라면 결국 다른 사람들에게 반감을 사게 된다. 그럼에도 많은 사람들이 한번 가진 신념을 반성하지 않으니 안타까운 노릇이다.

상황이 변하고 시대가 달라져도 요지부동 자신의 신념만 앞세우는 것은 바람직하지 않다. 그와 같은 신념은 한 자리에 멈춰버린 정신에 지나지 않는다. 자신의 신념을 되돌아보지 않는 자는 스스로에게 나태한 사람일 뿐이다. 세상에 영원한 것은 없다. 다시 주변을 둘러보며 자신의 신념을 돌이켜보지 못하는 사람에게 정신의 개선은 불가능한 일이다.

027
사람들의 습관

많은 사람들이 자주
사랑을 이용해
질투를 뛰어넘으려고 한다.

또한 자신이 공격당할지 모른다는
괜한 두려움이 밀려오면,
그 사실을 들키지 않기 위해
오히려 한 발 앞서
적을 만들고 공격을 시작한다.

028
다른 관점에서 보아라

가끔 허리를 숙여보라.
땅바닥에 되도록 가깝게 웅크리고 앉아
풀과 꽃들을 유심히 바라보라.
나비들의 나풀거리는 날갯짓도 지켜보라.

아, 그곳에 또 다른 세계가 있지 않은가?
그동안 위에서 무심히 내려다보기만 했던 그곳에
지금껏 발견하지 못한 아름다움이 있지 않은가?

가끔 허리를 숙여보라.
땅바닥에 되도록 가깝게 웅크리고 앉아
어린아이들의 세계를 바라보라.
멀리서 보지 못했던 것이 거기에 있으리라.

029
인간은 창조하는 존재

인간은 모든 사물에 가치를 부여한다. 이 세상에서 자신을 보존하려는 본능이다. 가치를 부여한다는 것은 그 사물이 의미를 갖게 한다는 말. 그것은 다름 아닌 인간적 의미이다. 그 일을 통해 인간은 자기 스스로 '평가하는 자'인 것을 자임한다.

그런데 사물에 가치를 부여하는 행위란 곧 창조가 아닌가. 그러니 인간은 평가하는 자이면서 '창조하는 자'인 것이다. 그렇게 인간에게 평가된 사물은 하나하나가 귀한 보물과 다르지 않다. 다시 강조하건대, 인간의 가치 부여를 통해 모든 사물은 비로소 고유의 가치가 생겨난다. 만약 그처럼 가치 부여를 받지 못한다면 세상의 모든 존재는 한낱 알맹이 없는 속 빈 강정일 뿐이다.

030
멀리 있는 사람을 사랑하라

나는 당신에게 이웃 사랑을 권하지 않는다. 다만 당신에게 멀리 있는 사람들을 사랑하라고 이야기한다. 가까이 있는 이웃을 사랑하는 것보다 멀리 있는 사람들을 사랑하는 것이 더 고귀하다. 인간을 향한 사랑보다는 맡은 바 소명(召命)과 유령에 대한 사랑이 더 가치 있다.

당신에게 다가오는 유령은 아름답기 그지없다. 그런데 왜 당신은 기꺼이 뼈와 살을 내주려 하지 않는가? 어째서 그 유령을 무서워하며 이웃에게 달려가는 어리석음을 범한단 말인가?

내가 보기에, 당신은 스스로 자신을 감당하지 못해 괴로워하고 있다. 자기 자신을 충분히 사랑하지 못한다. 그래서 가까운 이웃을 꾀어 자신을 사랑하게 만들고, 그들의 잘못과 실수를 통해 자신을 멋져 보이게 치장하려 애쓰는 것이다.

031
또 다른 거짓말

자기가 알고 있는 사실과
반대로 이야기하는 것만 거짓말이 아니다.

자신이 모른다는 것을 외면한 채
그것에 관해 마치 잘 알고 있는 것처럼
함부로 떠벌이는 것도 거짓말이다.

어떤 사람들은 가까이 있는 누군가에게
그런 거짓말을 거리낌 없이 내뱉어
자기 자신마저 기만한다.

032
자신을 사랑하는 사람이

자신을 사랑하는 사람만이
자기 자신을 경멸할 줄 안다.
그리고 자신을 사랑하는 사람은
경멸의 힘으로 무엇을 창조할 수 있다.
자신을 사랑할 줄 아는 사람이,
그리하여 자신을 경멸할 줄 아는 사람이,
다시 사랑에 대해 더 깊이 깨닫게 되는 것이다.

그러니 당신은 사랑과 함께, 경멸과 함께,
더불어 창조와 함께,
꿋꿋이 고독 속으로 들어가라!
그러면 비록 늦을지언정
정의가 당신을 따라올 것이다.

033
자신에게 이르는 길을 찾는다면

　당신은 자신에게 이르는 길을 찾으려 하는가? 슬픔의 길이기도 한, 그 길을 정녕 가려고 하는가? 그렇다면 나의 말에 귀 기울여보라.

　이 세상에는 높은 곳에 다다르려고 갈망에 불타는 사람들이 아주 많다. 이 세상에 무엇인가를 이루기 위해 자기 몸이 경련을 일으킬 만큼 욕망에 사로잡힌 사람들도 아주 많다. 그러니 당신은 자신을 찾으려는 결심이 그와 같은 야욕가들과 다르다는 사실을 증명할 필요가 있다. 세상에는 한 줌의 가치도 갖지 못하는, 세상에 눈곱만큼의 변화도 가져오지 못하는 위대한 사상가들이 무수히 많으니까. 그들은 요란스럽게 허풍을 늘어놓을 뿐 사람들의 공허만 더욱 부추길 뿐이니까.

034
신성한 결혼이란

모름지기 사랑이란, 앞으로 당신이 나아갈 거룩한 길을 환히 비추는 횃불이어야 한다.

언젠가 당신은 자신을 넘어서는 사랑을 베풀 줄 알아야 하리라. 그러니 당신은 먼저 사랑하는 법을 배워야 한다. 기꺼이 사랑의 쓰디쓴 잔을 들이켜 사랑의 참뜻을 헤아려야 한다.

설령 당신의 잔 속에 최선의 사랑이 담겨 있다 해도 쓴맛은 깃들어 있게 마련이다. 그 사랑이 초인을 그리워하고, 창조하는 자를 갈망하게 만든다. 만약 그러한 그리움과 갈망을 당신의 사랑이 품고 있다면, 그리하여 결혼을 향한 의지로 옮겨간다면, 나는 그것이 바로 '신성한 결혼'이라고 말한다.

035
산 자에게 깨우침과 맹세가 되는 죽음

많은 사람들이 너무 늦게 죽음을 맞는다. 그리고 적지 않은 사람들이 너무 일찍 죽음에 이르고 만다. "사람은 알맞은 때에 죽어야 한다!"라는 말은 낯선 가르침일 뿐이다.

누구나 죽음을 무겁게 받아들인다. 사람들에게 아직은 죽음이 축제가 되지 못했다. 사람들이 죽음을 아름다운 축제로 받아들이는 법을 여전히 배우지 못한 것이다.

나는 삶을 완성하는 죽음에 대해 이야기하고 싶다. 그것은 살아 있는 사람들에게 가시 같은 깨우침과 굳은 맹세를 전하는 죽음이다. 오로지 삶을 완성하는 자만이 희망을 가진 사람들에게 둘러싸여 승리에 찬 죽음을 맞이할 수 있다. 누구나 죽어야 하는 운명의 인간은 하루빨리 죽는 법을 배워야 한다. 살아 있는 사람들에게 가시 같은 깨우침과 굳은 맹세를 남기지 못하는 죽음은 결코 축제가 되지 못한다.

036
나를 깊이 있게 하는 고통

나는 병을 통해 철학을 얻었다. 젖은 나무가 불꽃에 타들어 가듯, 병은 나를 서서히 고통에 잠기게 했다. 그러면서 그 고통의 순간은 나를 점점 더 깊이 있게 만들었다. 심오한 철학의 세계로 인도한 것이다.

나는 고통 자체가 인간을 깨달음에 다다르게 하지는 못한다는 사실을 잘 알고 있다. 앞서 말했듯, 고통은 인간을 심오하게 만들 뿐이다. 인간을 점점 더 깊은 심연으로 이끌어갈 뿐이다. 그리하여 인간은 그동안 인생에 대해 가졌던 단순한 믿음을 떨치고, 삶을 향한 다채로운 문제의식을 점화하게 되는 것이다.

037
기쁨을 향한 질문

나의 기쁨이 다른 사람에게도 힘이 되는가?
나의 기쁨이 다른 사람의 슬픔을 키우지는 않나?
나의 기쁨이 다른 사람에게 모욕을 주지는 않나?

나는 그럴 만한 가치 있는 일에 기뻐하고 있나?
다른 사람의 불행을 보며 기뻐하고 있지는 않나?
차별의 심리 속에서 기쁨을 느끼고 있지는 않나?

나의 기쁨이 나의 경멸을 만족시키지는 않나?
나의 기쁨이 나의 복수심에 순종하지는 않나?
나의 기쁨이 나의 우월감을 북돋지는 않나?

038
최고의 가치를 가진 황금

황금은 어떻게 최고의 가치를 가졌을까?

그 비밀은
매우 드물고 보배로우면서도
그 쓰임새가 딱히 정해져 있지 않기 때문이다.
존귀하게 반짝이면서도
그 빛이 따스하고 부드럽기 때문이다.

그렇게 황금은 조용히 자신을 베푸는 존재.
그러므로 황금은 최고의 덕을 갖춘 최고의 가치.

너그러이 적선(積善)하는 사람의 눈길은
황금처럼 빛나고,
그 빛이 해와 달을 평화로 이어준다.

039
퇴화를 일으키는 이기심

어떤 이기심이 있다. 그것은 오랜 가난과 굶주림 탓에 무엇이든 훔치려고 하는 병든 자들의 이기심이다. 그런 이기심을 품은 사람들은 세상의 반짝이는 모든 것을 음흉한 도둑의 눈길로 바라본다. 땀 흘린 대가로 풍성하게 차려놓은 타인의 식탁을 맴돌면서 탐욕으로 부러워하며 군침을 흘린다.

하지만 그러한 도둑의 탐욕은 질병을 불러올 뿐이다. 서서히 몸이 병들고 심각한 퇴화에 이르고 말 뿐이다. 인간에게 퇴화란 무엇인가? 그것은 비열하고 변변치 못한 변화를 의미한다. 다른 사람들에게 베푸는 것 없이 이기심으로 가득한 영혼은 반드시 퇴화가 일어나게 마련이다.

040
다시 또 시도하라

당신에게 간절히 당부한다.

덕의 힘으로 대지에 충실해라. 당신의 사랑과 인식으로 대지의 뜻을 받들어라. 당신의 덕이 헛되이 날아올라 영원의 벽에 부딪혀 좌절하지 않게 하라. 그렇게 헛되이 날아간 덕은 다시 몸과 삶이 있는 이곳으로 데려오라. 그 덕이 또다시 이 대지에 인간적인 바람을 갖게 하라.

당신의 몸속에는 아직도 이치에 맞지 않는 생각과 여러 가지 오류가 깃들어 있다. 그러한 망상과 잘못이 당신의 몸이 되고 의지로 자리 잡았다. 당신의 덕은 지금까지 수백 번 시도했고, 그만큼 길을 잃었다. 그러나 명심하라. 인간이란 결국 일종의 시도인 것을. 그토록 많은 헛된 망상과 오류가 당신의 몸을, 우리의 몸을 만들어온 것을.

2장

그대 자유인이여,
고요한 침묵의 시간을 가져라!

001
감정의 동요를 제어하라

세상의 일은 단순히 참과 거짓으로 구별하기 어렵다. 그럼에도 우리는 사람들의 일방적인 의견과 잡다한 소음에 휘둘릴 때가 많다.

그런 상황에서 자신을 지키려면 어떻게 해야 할까? 나아가 그 상황을 좀 더 혜안을 갖고 바라보려면 어떻게 해야 할까?

그 해답은 정신을 자유롭게 하는 것이다. 그러기 위해 순간순간 자신의 마음속에서 소용돌이치는 다양한 감정과 충동적 욕구, 심리적 동요를 제어할 줄 알아야 한다. 만약 지금 당신의 심정이 돌풍을 일으키고 있다면 어떻게 해야 할까? 그렇다면 당장 수돗가로 가서 얼음처럼 차가운 물에 얼굴과 손부터 씻어보라. 별 것 아닌 듯 보이는 그 행동을 통해 당신의 요동치는 감정과 마음의 동요가 조금은 사라지는 것을 확인할 수 있을 테니.

002
깨어나라, 깨어나라

몸은 인식을 통해 자신을 정화한다.
몸은 분별하고 판단하여 앎으로써
자신을 스스로 북돋는다.
인식하는 자에게는
모든 충동마저 숭고하게 느껴진다.
그렇게 스스로 고양된 자는
무엇보다 영혼이 즐겁다.

어서 깨어나 귀를 열어보라.
조용히 커다란 날개를 활짝 펼치면
미래에서 바람이 불어온다.
당신의 귀에
멀리에서 반가운 소식이 들려온다.

003
인식하는 인간은

인식하는 인간은,
그러니까 무엇을 분별하고 판단하여
깨달음을 얻는 인간은,
적을 사랑할 줄 알아야 한다.
또한 친구를 미워할 줄 알아야 한다.

스승에게 한참 배우고도
언제까지나 학생에 머물러 있는 사람은
결국 스승에게 보답하지 못하는 제자이다.
스승을 한없이 존경한다고?
그러다가 그 존경이 무너지면 어쩌겠는가?
스승의 쓰러진 동상에 깔려 죽는다면
얼마나 안타까운 노릇인가?

004
위대한 정오를 기다리며

위대한 정오(正午)란 언제인가?

그것은 동물과 초인 사이 길 한가운데
인간이 서 있는 때.
어느덧 저녁을 향해 가는 그 길에서
가장 찬란한 희망으로 축복하는 때.
저녁으로 이어지는 그 길이
마침내 새로운 아침을 맞이하게 되는 때.

정오의 태양은 인식의 태양!
'신은 죽었다.
이제 우리는 초인이 나타나기를 기다린다.'
이 인식이 언젠가 찾아올 위대한 정오에
나와 당신의 최후의 의지가 되기를!

005
바다로 나아가려는 마음

    나는 오랫동안 그리움을 간직한 채 먼 곳을 바라보았다. 고독 속에 들어앉아 골똘히 생각에 잠겨 있었다. 그러던 어느 날, 나는 드디어 침묵을 벗을 때가 온 것을 알게 되었다.

    나의 온몸이 거대한 입이라면 이해하겠는가? 내 안에 무수한 말들이 우렁찬 폭포 소리를 내며 소용돌이치고 있다면 이해하겠는가? 나는 이제 그 말들이 어딘가를 향해 쏟아져 내리기를 바란다. 설령 나의 사랑을 담은 그 물길이 길 없는 곳으로 흐른들 무슨 상관이랴. 나의 말들은 결국 바다에 이르는 길을 찾아내고야 말 테니.

    내 안에는 깊은 호수가 있다. 나는 그 호수에서 오랜 시간 은둔의 나날을 지냈다. 그리고 마침내 내 사랑의 굳건한 물길이 그 호수를 지나 드넓은 바다로 나아가려고 한다.

006

이렇게 행복에 도달하라

세상 만물을 인간이 생각할 수 있게 변화시켜라. 인간이 관찰하고 깨달을 수 있게 변화시켜라. 나는 그것을 '진리를 향한 의지'라고 정의한다. 그와 같은 경지에 이르기까지, 인간은 자신의 모든 감각을 동원해 사유하고 또 사유해야 한다.

아울러 인간이 세계라고 부르는 것을 인간 스스로 창조해야 한다. 인간의 이성과 감각의 이미지, 그리고 인간의 의지가 세계를 만들어내야 한다. 거기에는 인간의 사랑 역시 깃들어 있어야 한다.

인식하는 자여! 그렇게 진리를 향한 의지에 성공하는 날, 인간으로서 세계를 창조하는 날, 당신은 행복에 다다를 것이다.

007

나의 의지에 대해

나에게는 창조를 향한 의지가 있다. 나의 운명이 그것을 바란다. 아니, 그러한 운명을 나의 의지가 바란다고 표현해야 더 옳은지 모르겠다.

나의 감정들이 깊고 어두운 감옥에 갇혀 울부짖고 있다. 나의 의지만이 그것을 해방시킬 수 있다. 나의 의지가 나에게 기쁨을 가져다주기 위해 찾아온다.

나의 의지는 곧 나의 해방이다. 그것은 자유에 대한 진정한 가르침이라고 할 수 있다. 더는 의지를 갖지 않는 것. 더는 평가하지 않는 것. 더는 창조하지 않는 것. 그와 같은 무지막지한 권태와 맞닥뜨리지 않기를 나는 바란다.

008
인간은 붉은 뺨을 가진 원숭이

인식하는 자는 인간이 붉은 뺨을 가진 원숭이라고 생각한다.

대체 인간의 뺨이 왜 붉다는 말인가? 그 말에는 인간이 자주 부끄러움을 느낄 만한 행동을 했다는 뜻이 담겨 있지 않은가?

또한 인식하는 자는 강조한다. 수치! 수치! 수치! 그것이 다름 아닌 인간의 역사라고.

그러므로 자신이 고귀하고 거룩한 인간이기를 바란다면, 다른 사람들이 수치심을 느끼지 않도록 배려하는 마음을 가져야 한다. 아울러 모든 고뇌하는 자들 앞에서 부끄러움을 느낄 줄 알라고 자신에게 명령해야 한다.

009
당신의 친구에게

지금,
당신에게 고통받는 친구가 있는가?

그렇다면 당신이
그의 고통이 편히 안식할 수 있는
휴식처가 되어주어라.

그와 동시에 친구에게
쉼을 주면서도 불편한 침대,
이를테면 야전 침대가 되어주어라.
그래야만 당신이 친구에게
가장 필요한 사람이 될 것이다.

010
고요한 침묵의 시간

그늘 속에서 살아가는 인간이 있다. 그런데 오늘날의 사회는 인간이 그처럼 고독 속에 잠기는 것을 그냥 두고 보지 않는다. 그런 까닭에 사람들은 고독을 떠올릴 적마다 묘한 죄의식을 느낀다. 고독에 가까워지는 순간 스스로 불안해한다.

하지만 소란을 통해 발달한 문화만으로는 좋은 열매를 맺을 수 없다. 오늘날의 문명은 어느덧 새로운 야만을 만들어냈다. 일찍이 요즘처럼 정신없이 활동하는 사람들이 인류의 문명을 장악한 적은 없었다. 그리하여 이제는 모든 인간에게 고요한 침묵을 가르쳐야 할 때가 오고야 말았다.

시대를 막론하고 인간은 자유인과 노예로 구분할 수 있다. 그 기준은 하루 동안 3분의 2의 시간을 철저히 자신을 위해 사용하는가, 그렇지 못하는가이다. 하루 중 그만큼을 고요한 침묵의 시간으로 사용하지 않는다면 그의 신분이 무엇이든 노예일 뿐이다.

011
다시 신의 거처로 돌아가는 날

 언젠가 죽음을 맞을 운명의 인간들에게 거짓 가치와 미망의 설교는 가장 나쁜 괴물이다. 성직자들이 쌓아올린 오두막을 보라. 성직자들은 자신들의 동굴을 교회라고 이야기한다. 그것은 위조된 빛이며, 우리의 숨통을 틀어막는 답답한 공기가 아닌가. 거기에서는 인간의 영혼이 더 높은 곳을 향해 날아오르는 것을 훼방한다. 성직자들은 사람들에게 "죄인들이여, 모두 무릎을 꿇고 계단을 기어오르라!"라고 외칠 뿐이다.

 아, 대체 어느 누가 참회의 계단을 꾸며낸 것이란 말인가? 그들의 정체가 바로 자신을 숨기려는 자들, 푸른 하늘 아래 부끄러움 가득한 자들이 아니겠는가? 나는 허물어진 오두막의 돌무더기 사이로 푸르디푸른 하늘이 보일 때, 그 둘레에 초록빛 풀잎과 붉은 양귀비꽃이 흐드러질 때, 그제야 다시 내 마음을 신의 거처에 위탁할 것이다.

012
설교의 자격

나에게 구세주를 믿게 하려면
좀 더 나은 노래를 들려주어야 하리.

내가 구세주를 가까이 하게 하려면
구세주의 제자들이 좀 더 구원을 받아야 하리.

나는 그 제자들의 벗을 몸을 보고 싶으니,
다만 아름다움만이 참회를 설교할 자격이 있으므로.
진실 없이 위장된 슬픔으로는
어느 누구도 설득할 수 없으므로.

013
대가를 바라는 마음이란

당신은 여전히 대가를 바라는구나.

덕에 대한 대가로 그 어떤 것을.
이 땅의 삶에 대한 대가로 천국을.
오늘에 대한 대가로 영원을.

슬프구나!

일찍이 인간은 사물의 바닥에
대가를 끌어들였다.
또한 형벌이라는 거짓도 끌어들였다.
그러고는 마침내 영혼의 바닥에까지
그와 같은 대가와 거짓을 끌어들였다.

014
한 걸음 물러서서 바라보라

가끔은,
한 걸음 물러서서 바라보라.

너무 멀어 고향에 갈 수 없을 때
그곳이 더욱 그리워지지 않나?
오랫동안 친구를 만나지 못했을 때
그 친구가 더욱 보고 싶지 않나?
음악으로만 듣고 그림으로만 볼 때
더 큰 사랑을 느끼게 되지 않나?

한 걸음 물러서서 바라볼 때
더욱 아름답고 소중해지는 것이 있다.
어떤 대상에서 멀찍이 물러나 응시할 때
새삼 깨닫게 되는 동경(憧憬)이 있다.

015

단점과 약점도 필요해

사람은 누구나 단점과 약점이 있다. 부족함과 취약함이 있다는 말이다. 세상에 단점과 약점이 전혀 없는 사람은 존재하지 않는다.

그럼에도 많은 사람들이 자신의 단점과 약점을 부끄러워한다. 나아가 스스로 혐오하며 외면하려고 든다. 자신의 단점과 약점을 누구에게 들킬세라 노심초사하기 바쁘다. 번번이 위선과 거짓으로 그것을 감추려고만 한다.

그들은 단점과 약점이 자신을 성장시킬 수 있다는 사실을 좀처럼 깨닫지 못한다. 단점과 약점이 반면교사의 스승이 될 수 있다는 데 생각이 미치지 못한다. 생각해보라. 자신의 단점과 약점을 곰곰이 살펴 개선할 바를 찾을 수 있지 않나? 또한 단점과 약점을 통해 오히려 자신이 가진 장점과 개성을 스스로 파악할 수 있지 않나? 그러니 자신의 단점과 약점에 무작정 눈 감고 귀 닫을 일은 아닌 것이다.

016
어떤 자들의 정의

어떤 자들은 아무런 의심 없이 '정의(正義)'를 부르짖는다. 그러나 그들이 내세우는 정의가 세상 만물에 해를 끼친다. 이 세계가 정의는커녕 깊고 차가운 '불의(不義)'에 빠져 익사하는 아픔을 겪게 한다.

그들이 아무런 의심 없이 정의를 부르짖을 때, 나는 정말이지 불쾌하기 짝이 없다. 그들 스스로 "나는 정의로운 사람이다!"라고 외칠 때, 나는 그 소리가 "나는 복수하는 사람이다!"라는 말로 들린다. 스스로 정의를 자임하는 자들은 자신들이 적으로 여기는 사람들의 눈을 후벼 파내기 위해 돌진한다. 그들이 자기 자신들의 고귀함을 내세우는 까닭은 오로지 다른 사람들을 얕잡기 위한 유치한 작태일 뿐이다.

017
천민이 되지 않기 위해

나는 이 땅의 지배자들이 '지배'라는 말을 어떻게 생각하는지 잘 알고 있다. 그들은 오직 권력을 잡기 위해, 가식의 가면을 쓰고 천민들을 상대로 흥정하며 거래한다.

그래서 나는 일찌감치 그들에게 등을 돌린 채 살아가고 있다. 군중 속에서 낯선 혀로 침묵하고 귀를 닫은 채 삶을 살아가는 것이다. 지배자들이 스스럼없이 내뱉는 흥정의 말과 권력을 좇는 그들의 거래에 휘말리지 않기 위해. 권력의 천민, 문필(文筆)의 천민, 쾌락의 천민 속으로 추락하지 않기 위해.

나는 오래전부터 스스로 눈멀고, 귀먹고, 말하지 않는 불구(不具)의 삶을 선택했다.

018
이렇게 살아가기를 바란다

나는 미래라는 나무 위에 보금자리를 만들 것이다. 고독한 자에게, 독수리가 먹을 것을 날라다주리라. 그 음식은 불결한 천민들이 먹을 수 없는 것. 만약 그들이 독수리가 가져다주는 음식을 탐한다면 마치 불덩이를 삼키기라도 한 것처럼 새까맣게 입이 타버리리라.

나는 결코 불결한 천민들을 위해 나무 위에 보금자리를 만들지 않을 것이다. 나의 행복이 그들의 몸과 정신에는 꽝꽝 얼어붙은 얼음의 동굴 같을 것이다.

나는 불결한 천민들의 머리 위 높은 곳에 보금자리를 만들어 살아가리라, 거센 바람처럼. 독수리는 나의 친구. 또한 눈과 태양을 벗 삼아 나는 거센 바람으로 살아가리라. 그리고 언젠가 불결한 천민들 사이로 들어가 나의 정신으로 그들의 정신을 정화하리라.

나는 미래에 이렇게 살아가기를 바란다.

019
그럴듯하게 포장하지 마라

전쟁, 분쟁, 테러, 진압, 쿠데타……. 그것은 사실, 살인의 다른 이름에 지나지 않는다. 인류 역사상 그런 사건은 끊임없이 되풀이되어 왔다. 언뜻 달라 보이는 그럴듯한 이름으로 포장해 계속 똑같은 행위를 반복해왔을 뿐이다.

그럼에도 인간은 그것을 동일한 사건의 반복으로 생각하지 않는 습성이 있다. 매번 다른 의미를 부여해 그럴듯한 가치 평가를 선전한다. 단지 과거의 것인데 현대의 것으로, 낡은 것인데 새로운 것으로, 진부한 것인데 참신한 것으로 꾸며내는 것이다. 인간은 자신들의 잘못된 행위를 그럴듯한 이름으로 포장해 계속 반복해오고 있다.

020
타란튤라의 복수심

인간을 복수심으로부터 구원하는 것!
이것이 나에게는
최고의 희망을 향해 나아가는 길이다.
거센 폭풍우 뒤에 찾아오는 찬란한 무지개다.

그러나 타란튤라는 나와 다른 것을 원한다.
세상에 복수심 가득한 눈보라가 휘몰아치는 것!
이것이 타란튤라에게는 정의다.

타란튤라에게는 복수심이 들어차 있다.
타란튤라에게 물리면 시커먼 부스럼이 생겨난다.
타란튤라의 독은
복수심으로
인간의 영혼에 아득한 현기증을 일으킨다.

021
두 가지 충고

나는 당신에게 충고한다.
남을 처벌하려는 충동에 사로잡힌 자를 믿지 말라고.
그들은 천박한 종족이며 상스러운 혈통이니까.
그들의 낯빛에는 염탐군의 면모가 가득하니까.

나는 당신에게 충고한다.
정의로움을 과시하며 수다 떠는 자를 믿지 말라고.
그들은 영혼이 결핍된 자들이니까.
특히 그들이 스스로 선(善)과 의(義)를 앞세울 때
명심하고 또 명심해야 한다.
그들이 바리새인 행세를 하는 데 부족한 것은
단 하나, 권력뿐이라는 사실을.

022
진실한 사람들은

진실한 사람들은

노예의 행복에서 해방되고,
신과 숭배로부터 구제된다.
스스로는 두려워하지 않으면서
타인이 경외감을 갖게 하고,
위대하면서도 고독할 줄 안다.
진실한 사람들의 의지가
바로 그와 같다.

진실한 사람들은

예로부터 자유로운 정신을 가져
사막이 주인으로서 사막에서 살았다.

023
현자(賢者)에게 묻는다

정신의 삶은 무엇인가? 그것은 자기 스스로 삶 속으로 깊이 파고들려는 삶이다. 삶은 고통을 통해 지식을 증폭시킨다. 그대는 이 사실을 이미 알고 있지 않나?

정신의 행복이란 무엇인가? 그것은 향유(香油)를 바르고 눈물을 정화해 살아 있는 제물이 되는 것을 의미한다. 그대는 이 사실을 이미 알고 있지 않나?

장님의 맹목성이란 무엇인가? 그것은 태양의 힘을 증명하는 탐색과 모색의 태도를 가리킨다. 그대는 이 사실을 이미 알고 있지 않나?

그리고 덧붙여 말하건대, 인식하는 자는 산을 재료로 삼아 무엇을 건설할 줄 알아야 한다. 그저 정신이 산을 옮기기만 한다면 그것은 사소한 해프닝에 지나지 않는다. 그대는 이 사실을 이미 알고 있지 않나?

024
밤이 왔다

밤이 왔다. 모든 샘이 솟아오르며 한층 더 목소리를 높인다. 내 영혼도 솟아오르는 샘물과 같다.

밤이 왔다. 모든 사랑하는 사람들의 노래가 잠에서 깨어난다. 내 영혼도 그처럼 깨어나 사랑의 노래를 읊조린다.

밤이 왔다. 내 마음속에는 도무지 진정되지 않는 것, 진정될 수 없는 것이 존재한다. 나는 이제 그것에 대해 이야기하려 한다. 아, 사랑을 향한 열망이 나의 마음속에 있구나. 그 열망이 사랑의 속삭임을 전한다.

나는 빛이다. 내가 밤이라면 얼마나 좋을까? 그럼에도 내가 빛으로 둘러싸여 있다는 것, 그것이 바로 나의 고독이다.

025
도대체 지혜란 무엇인가

내가 온몸으로 사랑하는 것은 삶뿐이다. 나는 삶을 증오할 때, 비로소 삶을 가장 사랑한다. 무엇이 나에게 삶을 뼈저리게 깨우쳐주는가? 지혜다. 그래서 나는 지혜를 다정하게, 때로는 지나칠 만큼 살갑게 대한다. 지혜는 자기만의 눈과 웃음을 갖고 있다. 또한 황금으로 만든 작은 낚싯대도 갖고 있다. 얼핏, 삶과 지혜는 쌍둥이처럼 닮아 보인다.

언젠가 삶이 내게 물었다. "도대체 지혜가 무엇이냐?"라고. 나는 지혜에 대한 나의 생각을 구구절절 이야기했다. 그러고는 수많은 사람들이 쉼 없이 지혜에 목말라한다고 덧붙였다. 사람들이 성긴 그물로라도 지혜를 붙잡으려 한다고, 몇 겹의 장막으로 둘러싸인 지혜를 어떻게든 찾아내려 한다고 말했다.

지혜란 아름다운 것인가? 모르겠다.

어쨌거나 지혜는 고집불통 변덕쟁이다. 나는 종종 지혜가 난폭한 손짓으로 머릿결을 다듬으며 입술을 앙다물고 있는 모습을 지켜보았다.

026
저녁의 질문

미지의 무엇이 나를 둘러싸고 있다.
깊은 생각에 잠겨 나를 바라본다.

도대체 왜,
당신은 아직도 살아 있는가?

무엇 때문에? 무엇을 위하여? 무엇에 의해?
어디에서? 어디로? 어떻게?

아직도 살아 있다니
아, 너무나 어리석지 않은가?

나의 심연에서 이렇게 묻고 또 묻는 것은
저녁이다. 나의 슬픔을 용서하라!
저녁이 되었다. 나의 저녁을 용서하라!

027
서로 다른 열쇠

흔히 자기 자신을 먼저 구원한 뒤에는
타인을 구원하기 위해 노력하라고 말한다.
그런데 그것이 가능할까?
누가 누구를 구원할 수 있다는 이야기는
얼마만큼 사실일까?

설령 내가 구원의 열쇠를 가졌다 하더라도
타인을 구제하는 것은 결코 쉽지 않다.
왜냐고?
그 이유는 내가 가진 구원의 열쇠가
타인을 옭아맨 단단한 자물쇠를
열 수 있다고 확신하지 못하기 때문이다.

028
청춘을 향한 그리움

나는 바다를 건너며 생각한다.

'저기에 무덤들의 섬, 침묵의 섬이 있다. 그곳에 내 청춘의 무덤도 있다. 나는 삶의 푸른 화환을 언제나 거기로 가져가려 한다.'

그립구나, 젊은 날의 환영과 형상들이여! 내가 사랑했던 모든 눈길이여! 거룩했던 순간들이여! 왜 너는 그토록 빨리 생명을 다했는가? 나는 오늘 망자(亡者)를 떠올리듯 너를 회상한다.

지금은 멀리 떠나버린, 나의 가장 사랑했던 친구여! 너에게서는 마음을 녹이고 눈물을 자아내는 달콤한 향기가 풍겼더랬지. 그 향기가 고독한 항해자의 마음을 따스하게 녹였더랬지.

029
무질서의 질서

    나는 '질서주의자'들을 신뢰하지 않는다. 그들과 맞닥뜨리기를 바라지 않는다. 성실성이 부족한 자들이 무조건 질서를 세우려는 의지를 갖는다.

    그렇다면 나는 어떤가?

    나는 글을 쓸 때도 질서에 무관심하다. 그렇다고 나의 사유가 무질서하다는 뜻은 아니다. 물론 나의 사유에 질서는 존재하지 않는다. 하지만 질서를 추구하지 않는 것이 바로 나의 질서인 것이다. 누군가 나의 사유를 들여다본다면 여러 가지 잡다한 지식과 생각을 버무려놓은 것이라고 판단할지 모른다. 그것은 너무나 섣부른 판단이다. 누구든 나의 사유를 정밀하게 들여다본다면 일관성과 논리성을 확인하게 될 테니까. 결국 내가 단 하나의 사상을 올곧게 이야기하고 있다는 분명한 사실을 이해하게 될 테니까.

030
나의 굳센 의지

내 젊은 날의 환영과 위안은 이미 죽어버렸다.

나는 그 고통을 어떻게 견뎠는가?

그 상처가 어떻게 아물었는가?

나의 영혼이

그 무덤 속에서 어떻게 부활했는가?

단언컨대, 나의 의지가 그것을 가능하게 했다.

상처가 있어도 아주 훼손하지는 못하게 하는 것,

절대로 영영 파묻어버릴 수는 없는 것,

거대한 바위라도 끝내 뚫고 나올 수 있게 하는 것,

그것은 다름 아닌 나의 의지였다.

나의 의지가

말없이 세월을 극복하며 굳센 걸음으로 걸어간다.

031

자신의 말을 음미해보라

세상에는 기분 좋은 향기가 있다.
그와 달리 외면하고 싶은 악취도 있다.

우리가 사용하는 말도 마찬가지다.
저마다의 말에는 독특한 냄새가 배어 있다.
그것은 자연스러우면서 조화로운 향기와
부자유하면서 파괴적인 악취로 구별된다.

그러므로 우리는 일상에서
항상 자신의 말에 유의해야 한다.
자신의 말이 향기를 풍기는지 악취를 뿜는지
스스로 주의 깊게 음미해봐야 한다.

032
명령하는 것은 어렵다

명령하는 것이 순종하는 것보다 어렵다. 왜냐고? 그 이유는 명령하는 자가 순종하는 이의 모든 짐을 짊어지게 되기 때문이다. 그렇다고 단순히, 그 무거운 짐이 명령하는 자를 짓눌러버려 그런 것만은 아니다.

내가 생각하기에, 모든 명령에는 어떤 시도와 그에 따른 모험이 뒤따른다. 특히 생명 넘치는 것이 명령을 내릴 때는 자기의 목숨을 걸기도 한다. 그러니 우리는 반드시 알아야 한다. 생명 넘치는 것은 자신에게 명령을 내릴 때조차 기꺼이 그 대가를 치른다는 사실을.

다시 한 번 말하건대, 생명 넘치는 것은 스스로 자신의 율법에 대한 재판관이 되는 것을 자임한다. 때로는 복수하는 자, 또는 희생의 제물이 되기도 한다.

033
알껍데기를 부수어라

덧없지 않은 선과 악은 없다.

선과 악은 항상

자신으로부터 스스로 다시 극복되어야 한다.

가치 평가에 익숙한 자여,

당신은 평가와 말로써 폭력을 행사한다.

그것이 당신의 은밀한 사랑이며

당신 영혼의 반짝이는 움직임이며

혹은, 전율이거나 풍요로움일 수 있겠지.

하지만 자세히 살펴보아라.

당신의 가치로부터

더 강한 폭력과 더 새로운 극복이 자라난다.

그리하여 마침내 알껍데기가 부서진다.

선과 악의 창조자가 되려면,

우선 당신의 가치를 파괴할 줄 아는

파괴자가 되어야 한다.

034
누가 알까

나의 바다는 고요하다.

누가 짐작할까?

나의 바다 밑에 익살스런 괴물이 산다는 것을.

나의 심연은 꼼짝하지 않는다.

누가 알까?

나의 심연을 헤엄쳐 다니는

여러 수수께끼들과 호기로운 웃음이 빛나는 것을.

035
강한 자여, 아름다움을 가져라

영웅에게는 모든 것들 중에 '아름다움'이 가장 어렵다. 아무리 강렬한 의지로도 그것을 얻기 힘들기 때문이다. 조금 넘치거나 조금 부족한 것. 그것이 아름다움에는 가장 중요한 요소라고 말할 수 있다. 그리고 의지의 근육을 풀고 편안히 서 있는 것. 고결한 사람일수록 그 일에 더욱 곤란을 느낀다고 이야기할 수 있다.

누군가 스스로 힘에 관대해져 눈에 보이는 세계로 내려올 때, 나는 그것을 아름다움이라고 일컫는다. 영웅이여, 강한 자여, 나는 당신에게 그와 같은 아름다움을 바란다. 당신의 선의가 자기 극복의 최후의 대상이 되기를 바란다.

나는 당신이 세상의 온갖 악을 행할 수 있다고 믿어 의심치 않는다. 그래서 내가 당신에게 선을 요구하는 것이다.

036
현대인의 초상

나는 매우 불안하면서도 웃음을 참을 수 없다. 나의 두 눈은 지금껏 보지 못했던 유치찬란한 반점투성이를 바라보고 있다. 자꾸 손발이 떨리며 가슴이 두근댄다. 그럼에도 나는 웃음을 참지 못한다. 그대들의 몸이 모든 염료들의 고향 같기 때문이다.

현대인이여, 그대들은 온몸을 알록달록하게 채색한 모습으로 나를 놀라게 하는구나. 그야말로 다사다난한 색채들의 향연. 무려 50개의 거울이 그대들을 빙 둘러싼 채, 그대들의 유치찬란한 유희를 흉내 내고 있구나.

현대인이여, 그대들은 자기 얼굴보다 더 훌륭한 가면을 쓰지 못하리라. 누가 그대들의 정체를 알아챌 수 있겠는가? 그대들의 온몸에는 지난날의 기호들이 가득 그려져 있다. 그 기호들 위로 또 새로운 기호들을 잔뜩 덧칠해 놓았다. 그렇다. 세상의 기호 해석자들로부터 자기 자신을 아주 잘 은폐해 놓았다.

037
나의 결벽한 인식

　아무런 욕망 없이 삶을 관조하고 싶다. 그것이 나에게 최고의 것. 그렇다고 멍하니 혓바닥을 늘어뜨린 개처럼 살고 싶다는 이야기는 아니다. 그저 이기심에서 비롯된 온갖 음모에서 자유로우며, 가식과 탐욕을 벗고 싶은 것이다. 의지마저 죽여 관조하는 삶은 얼마나 행복한가. 비록 체온이 식어 온몸은 잿빛을 띨지 몰라도 나의 눈빛은 달처럼 은은히 빛나겠지.

　나는 달이 그러하듯 대지를 사랑하고 싶다. 그것이 바로 나에게 가장 사랑스러운 것. 오로지 두 눈만으로 대지의 아름다움을 애무하고 싶다. 또한 백 개의 눈을 가진 거울처럼 세상 모든 사물들 앞에 가만히 누워 있고 싶다. 나는 사물들로부터 아무것도 바라지 않는다. 나는 그러한 태도를 세상 모든 사물들에 대한 '결벽한 인식'이라고 말한다.

038
아름다움은 어디에 있나

아름다움은 어디에 있나?

내가 모든 의지를 갖고
의욕하지 않을 수 없는 곳에 있지.
내가 사랑하고 몰락함으로써
하나의 형상(形象)이
단지 하나의 형상으로만 그치지 않는 곳에 있지.

그렇다면,
사랑하고 몰락하는 것은 무엇인가?

사랑과 몰락은
까마득한 옛날 옛적부터 한 쌍의 짝이었던 것.
사랑을 향한 의지,
그것은 죽음마저 기꺼이 받아들여 왔지.

039
기다리게 하지 마라

다른 사람을 기다리게 하지 마라.
특히 아무런 연락도 없이
무작정 기다리게 하는 것은 옳지 않다.

그것은 단지 예의나 에티켓의 문제가 아니다.
누군가를 기다리다보면
자연히 이런저런 상상을 하게 된다.
그중에는 부정적인 생각도 있게 마련이다.
급기야 불쾌감과 분노로 이어지기도 한다.

그러니 다른 사람을 기다리게 하지 마라.
기다림은 나쁜 감정을 짓는다.
다른 사람을 기다리게 하는 것은,
설령 그럴 의도가 없다고 해도
그 사람을 부도덕하게 만드는 나쁜 일이다.

040
학자들 곁을 떠나다

학자들은 현명한 척하지만, 나는 그들의 볼품없는 잠언과 보잘것없는 진리 앞에서 깊은 허탈감을 느꼈다. 그들의 지혜는 어디로도 흐르지 못해 썩어버린 늪처럼 악취를 풍겼다.

나는 학자들의 집을 떠나기로 결심했다. 나의 영혼은 너무 오래 그들의 식탁에 머물러 있었다. 나는 그들 곁에서 인식의 단단한 호두껍데기를 깨는 단계에 이르지 못했다. 나는 학자들의 권위 안에서 안락한 잠에 빠져드느니 묵묵히 먼 길 걸어가는 황소의 등허리에서 잠들고 싶었다. 나는 누구보다 자유와 대지의 바람을 사랑하니까.

나는 자신만의 사유(思惟)로 뜨겁게 불타올랐다. 그런 까닭에 이따금 거친 숨을 몰아쉬어야 했지만, 그래서 더욱 들판의 신선한 공기가 그리웠다.

3장

나의 가장 부드러운 것이
가장 엄격한 것이 되어야 한다.

001
시인이란 존재는

시인들은 믿는다. 풀밭에 누워 귀 기울이는 사람은 하늘과 땅 사이에 있는 무수한 사물들에 관해 어떤 비밀을 알게 된다고. 그리하여 미풍처럼 부드러운 흥분이 찾아들면 시인들은 자연이 자기와 사랑에 빠졌다고 생각한다. 자연이 자기에게 다가와 은밀하고 달콤한 사랑의 노래를 속삭인다고 믿어 의심치 않는 것이다. 그러면서 시인들은 자신이 믿는 그 감정을 죽음의 운명을 타고난 모든 사람들 앞에서 자랑하고 싶어 한다.

하늘과 땅 사이에 시인들만이 발견하고 꿈꿀 수 있는 무엇이 있단 말인가?

아마도 그럴 것이다. 어쩌면 천상에도 오직 시인들만 발견하고 꿈꿀 수 있는 무엇이 있을 것이다. 모든 신은 시인들의 비유니까. 또한 모든 신은 시인들의 궤변이니까.

002
내가 보기에 시인들은

시인들은 껍데기에 지나지 않는다.
바다라면, 얕은 바다일 뿐이다.
그들의 생각은 깊지 않고,
그들의 감정은 심연으로 가라앉지 못한다.
시인들에게 최선의 사유(思惟)는
약간의 육체적 쾌락과 약간의 권태뿐.

그들은 충분히 순결하지도 못하다.
자신들의 얕은 바다를 위해
그들은 모든 물을 흐려놓는다.
그러고 나서 자신들의 그릇된 행동을
화해를 위한 것이라고 그럴듯하게 포장한다.

내가 보기에 시인들은
마구 뒤섞어버리는 자들에 불과하다.
잘해봤자 중개인이자 불순한 자들일 뿐이다.

003
메아리

한 가지 가르침이 널리 퍼져나갔다.
아울러 한 가지 신앙이 선포되었다.

"모든 것은 공허하다!
모든 것은 동일하다!
모든 것은 이미 존재하던 것이다!"

그러자 주변의 모든 언덕에서
우렁차게 메아리가 들려왔다.

"모든 것은 공허하다!
모든 것은 동일하다!
모든 것은 이미 존재하던 것이다!"

004
무덤 속에서 살아가는 비탄

우리가 수확한 열매는 모두 누렇게 말라 썩어 있다. 나무를 비추던 달빛이 간사하고 악독한 무엇을 가져왔던가? 우리의 노동은 헛된 일이 되어버렸다. 우리가 이 열매로 포도주를 담근다면 독약이 될 뿐이다. 정체 모를 간사하고 악독한 눈빛이 우리의 밭과 우리의 심장을 병들게 했다.

우리는 모두 메마르고 썩어버렸다. 만약 하늘에서 불덩이가 쏟아진다면, 우리는 시커먼 재가 되어 이리저리 흩날려 사라지고 말 것이다. 불덩이마저 더 이상 우리를 돌보려 하지 않을 것이다. 모든 것이 우리에게 지쳐버렸단 말인가?

샘은 바싹 말랐고, 바다는 저 멀리 우리에게 보이지 않는 곳까지 밀려갔다. 드넓은 대지마저 쩍쩍 갈라지려 한다. 그런데 심연은 우리를 집어삼키려고도 하지 않는구나. 아, 우리가 익사할 만한 바다가 어디에 남아 있기라도 할까? 우리의 비탄이 울려 퍼진다. 우리는 삶을 끝내기에도 지쳤다. 우리는 잠들지도 못한 채 계속 걸어갈 뿐이다, 무덤 속으로!

005
전도된 불구자

어떤 사람에게는 눈 하나가, 어떤 사람에게는 귀 하나가 없다. 또 어떤 사람에게는 다리 하나가 없다.

그런데 나는 더 나쁜 처지와 더 끔찍한 일들을 지켜봐왔다. 그것에 대해 일일이 말하고 싶지도 않은 기분이다. 그중 어떤 일들은 침묵하고 싶지 않을 만큼 언짢기도 하다. 그것은 다름 아닌 어느 한 가지만을 지나치게 많이 갖고 있는 사람들에 대한 이야기다.

단 한 가지만을 너무 많이 가져 다른 모든 것이 결핍된 사람들.

이를테면 하나의 거대한 눈, 하나의 거대한 입, 하나의 거대한 배, 또는 그 밖의 어느 거대한 하나를 가진 사람들. 그것 말고는 다른 아무것도 갖고 있지 않은 사람들. 나는 그와 같은 사람들을 가리켜 '전도된 불구자'라고 한다.

006
인간들 사이를 돌아다니다 보면

인간들 사이를 돌아다니다 보면,
인간의 파편들과 손발들 사이를
이리저리 헤매는 듯한 기분이 든다.
그럴 때면 무섭고 끔찍하다.
인간이 산산조각 나서
정육점 진열대에 걸려 있는 모습이랄까?
갈가리 찢겨 전장에 버려진 처참한 광경이랄까?
시선을 먼 옛날로 돌리더라도
나에게는 언제나 똑같은 기분이 든다.
파편들,
손발들,
그리고 무시무시한 우연들.
거기에 온전한 인간은 보이지 않는다.

007
정녕 위험한 것은

정녕 위험한 것은
산꼭대기가 아니라 산비탈이다.

산비탈에서,
눈길은 아래쪽으로 곤두박질하고
손은 위쪽을 향해 허우적댄다.
그와 같은 이중의 의지 탓에
마음에는 아찔한 현기증이 일어난다.

그리고 다시, 눈길은 높은 곳으로 치솟고
두 손은 심연을 붙들려 하는 것.
그리하여 어떻게든 몸을 버티려 하는 것.
바로 그것이 나의 비탈이며,
나의 진정한 위험이다.

008
안달복달하지 말 것

안달복달하지 말 것.
애면글면하지 말 것.

사람들 사이에서 노심초사
애간장 태우며 들볶이고 싶지 않다면
어떤 잔이든 들이켜 갈증을 달래야 한다.

사람들 사이에서 독야청청
깨끗하고 깔끔하게 살아가고 싶다면
더러운 물로도 자신을 씻을 줄 알아야 한다.

009
사랑의 본질은

인간의 행위는 약속할 수 없다.
그와 달리,
인간의 감각은 약속할 수 있다.
인간의 행위는 의지의 힘으로 제어할 수 있지만
인간의 감각에는 그 힘이 잘 미치지 않기 때문이다.

그렇다면 "영원히 사랑할게!"라는 약속은
불가능한 것인가?

다행히 그렇지는 않다.
왜냐하면, 사랑은 감각만이 아니기 때문이다.
사랑의 본질은
인간이 사랑한다는 행위 그 자체이기도 하다.

010

허영심으로 들뜬 사람들

삶이 멋진 볼거리가 되려면 연기를 훌륭히 해내야 한다. 그러기 위해서는 무엇보다 뛰어난 배우가 필요하다. 나는 허영심 많은 사람들이 누구보다 탁월한 배우인 것을 알고 있다.

허영심으로 들뜬 사람들은 관객들이 자기의 연기를 보러 와주기를 바란다. 그들의 영혼이란 것은 그러한 기대로 가득 차 있다.

허영심으로 들뜬 사람들은 자기 스스로 분장하고 연출한다. 나는 그들의 삶을 지켜보면서 슬픔을 치유한다. 그들은 연극에 몰입하듯, 나를 어떤 종류의 삶에 집중하게 만든다. 그래서 나는 허영심 많은 사람들을 마음 깊이 아낀다.

허영심으로 들뜬 사람들은 관객들로부터 자신에 대한 믿음을 느끼려 한다. 관객들의 시선이 그들의 식량이라, 관객들이 던져주는 칭찬을 두 손으로 받아 게걸스럽게 먹어치운다. 관객들이 거짓으로 칭찬한다 해도, 그것조차 흔쾌히 먹어치운다.

011
자기 자신만을 체험할 뿐

나는 방랑자이며 산을 오르는 자다. 나는 굴곡 없는 평지를 사랑하지 않는다. 나는 오랫동안 가만히 한 자리에 머물러 있는 것을 바라지 않는다.

나는 앞으로 어떤 운명을 맞이하게 될지 모른다. 또 어떤 일들을 겪게 될지 아무것도 알 수 없다. 다만 한 가지, 언제나 방랑하고 산을 오르는 일이 나에게는 중요한 것이다. 인간이란 것이 결국은 일평생 자기 자신만을 체험할 뿐 아닌가. 그런 존재가 아닌가.

이제 내게 우연한 사건은 일어나지 않는다. 이미 그와 같은 시기는 지나갔다. 나 자신의 것이 아닌 일이, 어떻게 다시 일어날 수 있단 말인가?

012
위대함으로 통하는 길을 간다

　이제 비로소 나는 위대함으로 통하는 나의 길을 간다. 정상과 심연이 하나로 연결된 것을 알고 있다.

　나는 위대함으로 통하는 나의 길을 간다. 나에게 최후의 위험이라고 불리던 것이 나에게 최후의 피난처가 되었다.

　나는 위대함으로 통하는 나의 길을 간다. 나의 뒤에 다른 길이 남아 있지 않다는 사실이 최상의 용기가 되어야 한다.

　나는 위대함으로 통하는 나의 길을 간다. 아무도 나의 뒤를 따르지 않게 해야 한다. 내가 이미 걸어온 길을 나의 발로 지웠고, 그 위에 '불가능'이라는 단어를 새겼다.

　이제 나에게는 사다리가 없다. 그러므로 나는 내 머리를 밟고 올라가야 한다. 나의 심장을 밟고 넘어가야 한다. 그렇게 하지 않고 어떻게 길을 갈 수 있단 말인가? 자신을 아끼기만 하는 자는 결국 병들고 만다. 나의 가장 부드러운 것이 가장 엄격한 것이 되어야 한다.

013
더 깊이 내려가야 한다

나의 발 아래쪽에 검고 슬픈 바다가 펼쳐져 있다. 느리고, 무겁고, 우울하게 밀려드는 불쾌한 기분이여. 나의 운명의 바다여. 나는 이제 저곳으로 내려가야 한다!

지금 나는 나의 가장 높은 산 앞에 서 있다. 머나먼 나의 방랑 앞에 서 있다. 그러므로 나는 일찍이 내려갔던 곳보다 더 깊이, 더 깊이 내려가야 하리라. 내가 일찍이 가 닿았던 고통보다 더 깊은 고통 속으로, 새까만 고통의 밀물이 내 가슴에 가득 들어찰 때까지. 나의 운명이 그러하기를 원하고, 나는 기꺼이 그 운명을 맞이할 각오가 되어 있다.

당신은 가장 높은 산이 어디에서 오는지 알고 있는가? 오래전에 나는 그 산이 깊디깊은 바다로부터 온다는 사실을 깨달았다. 그렇다. 가장 높은 것은 가장 깊은 곳에서 나와야 한다. 가장 깊은 곳에서 가장 높은 곳으로 도달해야 한다!

014
인간의 용기

인간은 가장 용감한 동물이다. 인간은 모든 짐승을 극복했다. 또한 인간은 모든 고통을 극복했다. 그리하여 승리의 음악을 울려 퍼지게 했다. 인간의 고통은 더없이 깊지만, 인간은 결국 그 고통을 극복해낸 것이다.

인간의 용기는 심연에서 맞닥뜨린 현기증마저 살해한다. 인간이 서 있는 모든 곳이 심연이라고 할 수 있다. 인간이 유심히 무엇을 본다는 것 자체가 심연을 들여다보는 것이다.

인간의 용기는 최고의 살해자다. 그 용기는 동정도 해치운다. 인간의 가장 깊은 심연이 동정인데 말이다. 인간은 삶을 깊이 관찰하는 만큼 고통도 깊이 통찰하게 된다.

015
안다는 것은 무엇인가

사람들은 흔히 무엇을 안다고 말한다.
더 나아가, 무엇을 인식한다고 말한다.

그리고는 이미 알고 있고,
이미 인식하고 있다고 믿는 낡은 선반에
새로운 것을 올려놓으려고 한다.
그래야 마음이 놓여 불안하지 않기 때문이다.
또한 새로운 것에 대해 안다고,
인식한다고 스스로 생각할 수 있기 때문이다.

하지만 그것은 착각이다.
사람들은 낡은 선반에 올려둔 새로운 것을
알지 못하고, 인식하지 못한다.
내심 새로운 것을 두려워할 따름이다.

016
자신이 깃들 밝은 영혼을 얻는다면

아직도 하늘과 땅 사이에서 길을 가며
자신이 깃들 밝은 영혼을 찾고 있는 것은 행복이다.
그런 행복이 넘쳐 모든 빛은 더욱 고요해졌다.

아, 내 삶의 오후여!
일찍이 나의 행복은 머물 곳을 찾아
저기 저 골짜기 아래로 내려갔다.
그곳에서 나의 행복은 마음의 문을 활짝 열어젖혀
자신을 반기는 영혼을 찾으려 한다.

아, 내 삶의 오후여!
바로 그 하나를 얻는다면,
나의 사상은 땅속 깊이 뿌리를 내리리.
내가 그와 같은 희망의 아침을 맞이할 수 있다면
무엇인들 흔쾌히 내버리지 않으리.

017
하나하나 각각의 나무들

최상의 흙으로 이루어진 나의 정원에서 자라나는 나무들, 첫봄을 맞이한 나의 아이들이 무럭무럭 성장하고 있다. 고만고만하게 나란히 서서 부드러운 봄바람에 흔들리고 있다. 아, 바로 이것이 행복의 섬들이구나!

언젠가 나는 이 나무들을 조심스레 뽑아 저마다의 자리에 다시 심으려 한다. 그렇게 나무들이 하나하나 각각의 고독과 반항과 지혜를 배우도록 할 것이다. 그들은 파도 높은 바닷가의 등대처럼 어떤 시련에도 굴하지 않는 삶을 살아가야 하리. 여기저기 옹이가 박혀 울퉁불퉁 휘어지더라도 강건하고 또 유연하게 바닷가에 서 있어야 하리. 폭풍우가 몰아치는 바닷가. 그곳에서 각각의 나무들은 자신에게 주어진 시련을 맞이하며 깨달음에 다다르도록 해와 달의 모든 시간을 환한 눈으로 지켜보아야 하리.

018
하늘을 올려다보며

내 머리 위의 드넓은 하늘이여!

한없이 맑고 맑은 자여!

더없이 깊고 깊은 자여!

그대는 빛의 심연,
나는 그대를 바라보며 신성한 욕망에 휩싸이노라.

나의 깊이란,
그대의 높이로 나를 던져 올리는 것.
나의 순진무구란,
그대의 맑고 맑은 내부에 나를 숨기는 것.

019
우리는 친구가 아닌가

우리는 원한과 공포와 바닥을 함께 나눈다.

작열하는 태양까지도.

우리는 서로에 대해 많은 것을 알아 말을 삼간다.

우리는 서로 침묵하며,

서로에 대해 잘 안다는 사실에 미소 지을 뿐이다.

그대는 나의 타오르는 불이 내뿜는 빛.

우리는 자신을 넘어 자신에게 이르고,

구름 한 점 없이 밝게 웃는 법을 함께 배웠다.

우리는 부자유와 죄책감이 비처럼 쏟아질 때,

저 아래쪽을 향해 환히 웃는 법을 함께 배웠다.

내 영혼은 밤마다 누구를 갈망했던가?

산꼭대기에 올라 찾은 것이 그대가 아니면 누구인가?

나의 의지가 한결같이 바란 것은 날아오르는 것.

그대 안으로 날아오르는 것, 오직 그것뿐.

020
더 왜소해진 세상

차라투스트라가 슬픈 목소리로 소리쳤다.
"세상의 모든 것이 더 작고 초라해졌구나!"

주변을 휘둘러보니, 모든 문들이 더욱 낮아졌다.
차라투스트라는 그 문들을 통과할 수 있지만
허리를 잔뜩 굽혀야만 한다.

차라투스라가 슬픈 목소리로 덧붙여 말했다.
"내가 허리를 굽힐 필요 없는,
세상의 소인배들 앞에서 공손하지 않아도 되는
나의 고향으로 언제 돌아갈 수 있으려나?"
차라투스트라는 한탄하며 먼 곳을 바라보았다.

021
나를 할퀴는 칭찬

그들이 나를 칭찬한다. 하지만 나는 그들의 칭찬 위에 편히 누워 잠들 수 없다. 내게는 그들의 칭찬이 날카로운 가시 박힌 허리띠처럼 느껴지기 때문이다. 그 허리띠는 희한하게 몸에 차고 있지 않아도 나를 할퀸다.

나는 그들에게 칭찬을 들으며 한 가지 사실을 깨달았다. 칭찬은 얼핏 상대방에게 무언가를 보답하려는 언행 같지만, 실상은 상대방으로부터 무언가를 더 받아내려는 속셈이라는 것을.

나의 두 다리에게 물어보라. 그들이 칭찬이라는 허울로 나를 유혹하려는 음악이 정녕 마음에 드는가, 라고. 그 음악에 맞춰 그들과 함께 춤추고 싶은가, 라고. 나의 두 다리는 춤은커녕 그들과 함께 조용히 서 있고 싶어 하지도 않을 것이다.

022
또 하나의 위선

나는 가장 사악한 위선에 대해 알고 있다. 그것은 명령을 내리는 자가 봉사하는 자로 위장하는 것이다. 명령하는 자가 봉사하는 자의 덕으로 자신을 치장하는 것이다.

명령을 내리는 자, 그러니까 지배하는 자들이 다음과 같이 기도한다.

"나는 봉사한다. 그대도 봉사한다. 우리는 봉사한다."

이런 안타까운 일이 있나. 최고의 주인인 줄 알았는데, 최고의 노복(奴僕)일 뿐이었다니.

내 눈의 반짝이는 호기심이 그들의 위선을 낱낱이 바라본다. 따스한 햇살이 스며드는 창가에 그들이 똥파리처럼 날아드는구나. 그들이 붕붕 날갯짓을 하며 여기저기 똥파리의 더러운 행복을 떠벌이고 있구나.

023
그림자는 나쁜 것이 아니야

    나의 성격에 선의와 강인함이 존재하려면 마땅히 그림자가 있어야 한다. 내가 사랑하는 그림자여, 오랜 세월 나는 얼마나 너에게 예의 없이 굴었는가? 너를 얼마나 불쾌하게 여기며 멀리하려 들었는가? 이제야 나는 너의 감사함을 깨닫는다. 그림자는 결코 나쁜 무엇이 아니다. 빛을 사랑하는 만큼 그림자, 나는 너를 사랑한다.

    마침내 나는 알고 있다. 그림자가 빛의 적이 아니라는 사실을. 빛과 그림자가 절대로 함께할 수 없는 상극이 아니라는 사실을. 가만 보면, 빛과 그림자가 다정히 손을 맞잡기도 하지 않나? 빛이 사라지면 그림자도 사라지는 것을 목격하지 않나? 그것이 바로 빛과 그림자가 떼려야 뗄 수 없는 벗이라는 증거. 빛이 사라지니까 그림자도 그 뒤를 쫓아 어디론가 가버린다. 그러니 내가 어찌 그림자를 사랑하지 않는단 말이냐!

024
그것의 정체는 비겁함

'겸손한 마음으로
작은 행복을 얼싸안는 것.'
형편없이 작고 초라한 사람들은
그것을 순종이라고 말한다.
그러면서 그들은 재빨리
또 다른 행복을 곁눈질한다.
이번에도 여지없이, 겸손하게.

사실 형편없이 작고 초라한 사람들이
진정으로 원하는 것은 단 한 가지다.
그들은 누구에게도 고통받고 싶어 하지 않는다.
그래서 그들은 모든 사람에게 친절을 베푼다.
사람들은 그런 행동을 덕이라고 부른다.
하지만 알아두어라.
그것은 다름 아닌 비겁함인 것을.

025
나의 운명의 독자들

나의 독자(讀者)들은 이들뿐이다.

자신의 거스를 수 없는 숙명 앞에서 이빨을 드러내는 사람들, 금지된 영역 안으로 들어서려는 사람들, 기꺼이 미로를 헤매는 운명을 받아들이는 사람들, 일곱 가지 뼈저린 고독을 이해하는 사람들, 새로운 음악에 귀 기울이는 사람들, 미래를 내다보려는 눈을 가진 사람들, 짓밟힌 진리에 대해 양심을 가진 사람들, 자기 자신의 힘과 영감을 신뢰하는 사람들, 자기 자신을 사랑하며 경건함을 잃지 않는 사람들, 자기 자신에 대해 절대적인 자유를 좇는 사람들…….

단언컨대, 이들이야말로 나의 독자들이다. 그 밖의 사람들은 나의 운명의 독자들이라고 할 수 없다. 그들은 단지 인류일 뿐, 나는 그들에게 관심을 두지 않는다. 나와 나의 독자들은 자신의 힘과 영혼으로, 그리고 경멸로 단지 인류일 뿐인 그들을 넘어설 것이다.

026
겨울을 맞이하며

　고약한 손님이 내 집에 들어와 앉아 있다. 그가 악수를 건네는 바람에 내 손이 시퍼렇게 변했다. 나는 그 고약한 손님을 존중한다. 그래서 나는 그를 혼자 내버려둔 채 멀리 달아난다. 나의 피난처는 감람산. 나는 예루살렘 동쪽에 위치한 그 산 양지바른 곳에서 따뜻해진 손발을 내려다보며 따뜻한 생각에 잠긴다.

　나는 감람산에 앉아 내 집 안에 있는 고약한 손님을 바라다본다. 나는 그를 향해 친절한 미소를 잊지 않는다. 그가 내 집에서 모기들을 추방하고 끊임없이 일던 소음을 적막하게 가라앉혔기 때문이다. 그는 주변의 골목길들도 더없이 고요하게 만들어 밤이면 달빛마저 발소리를 죽인다. 고약한 그 손님은 무뚝뚝하기 그지없다. 그러나 이미 말했듯, 나를 그를 존중한다. 나약한 사람들처럼 배 불룩한 불의 우상 앞에 엎드려 기도 올리는 행동 따위는 하지 않는다. 그렇게 우상에게 기도하느니, 이빨을 딱딱 부딪치며 추위를 견디는 편이 낫다.

027

나는 침묵으로써

나는 나의 침묵이
침묵을 통해
자기 자신을 드러내지 않도록 했다.
그것은 나의 가장 사랑스런 악의(惡意)이자
자유분방한 기술이다.

그 누구도 나의 바닥을 엿보지 못하게,
그 누구도 나의 최후의 의지를 알아채지 못하게,
나는 다른 무엇도 아닌
길고 밝은 침묵을 생각해낸 것이다.

028
겨울을 견뎌내는 고독

나의 영혼은 엄동설한의 맹추위와
휘몰아치는 폭풍을 감추려 하지 않는다.
그것이 내 영혼이 간직한
슬기로운 자유이며 호의(好意)다.

어떤 사람에게 고독은
병자(病者)의 도피를 의미한다.
하지만,
어떤 사람에게는 고독이
병자들로부터의 도피를 의미한다.

029
사랑의 놀라운 힘

진실한 사랑은 힘이 세다.

그런 사랑을 받는 이는

천천히, 조금씩,

그리고 틀림없이 성장한다.

사랑의 놀라운 힘이

그 사람의 가슴 깊이 잠들어 있던,

아직 발견되지 않았던,

미덕을 발굴해 일깨우는 것이다.

다시 말해 그가 품고 있던

존귀한 인간의 빛이 환히 떠오르는 것이다.

그처럼 사랑의 놀라운 힘은

진흙 속에 파묻혀 있던 보석을 찾아낸다.

030
이곳은 대도시

이곳은 대도시다. 여기에서 당신은 아무것도 찾지 못할뿐
더러 모든 것을 잃어버린다. 이곳에서는 모든 위대한 감정이
썩어문드러진다. 이곳에서는 작고 초라한 감정만 소란하게
덜그럭댄다.

여기에서는 당신의 정신이 말장난이 된다. 정신이 구역질
나는 토사물을 쏟아낸다. 그리고 이곳의 사람들은 그러한 오
물로 신문을 만든다. 그들은 서로 밀어내고 몰아대지만 정작
자신들이 어디에 있는지 알지 못한다. 그들은 툭하면 서로 악
다구니하면서도 그 이유를 깨닫지 못한다. 그들은 시끄럽게
소음을 일으키며 주머니 속 금화들을 쩔렁거리느라 여념 없
다.

이곳은 대도시다. 다양한 욕정과 다채로운 악덕이 여기에
가득하다. 물론 여기에도 도덕주의자들은 있다. 재빠르고 얍
삽하게 한자리씩 차지한 명망가들은 훨씬 더 많다.

031
투덜대지 마라

그대는 입에 거품을 물고 날뛰는 바보다. 사람들은 그대가 나의 원숭이라고 말하지만, 나는 그대를 투덜대는 돼지라고 부르려 한다. 그대의 투덜거림은 나의 모든 가르침마저 욕되게 할 것이다.

도대체 누가 그대를 투덜거리는 자로 만들었는가?

아무도 그렇게 하지 않았다. 단지 그대는 다른 사람들이 다가와 달콤한 말로 아첨하지 않기 때문에 투덜거릴 뿐이다. 그대는 오로지 투덜거릴 핑계를 찾기 위해 스스로 쓰레기더미에 앉아 있기로 작정한 것이다.

그렇다. 그대는 지금 복수할 구실을 찾아 투덜대고 있다. 그대는 정체불명의 허영심을 가득 채운 채 부글부글 거품을 뿜어내고 있다. 다시 말하건대, 그 거품은 복수심일 뿐이다.

032
혼자서 나아갈 줄 알아라

'너'의 역사는 '나'의 역사보다 오래되었다. 인간은 '나'를 깨우치기 전에 일찍이 '너'와 함께해 왔다. 인간은 '나'보다 먼저 '너'를 성스럽게 여겨왔다. 그런 까닭에 인간은 지금도 '너'라는 이름의 이웃과 어울리려 애쓴다.

사람들은 이웃을 통해 자기 자신을 확인하려 든다. 자신을 긍정적으로 받아들이는 이웃을 가까이하면서 자기의 덕을 구축하는 것이다. 즉 이웃 앞에서 짐짓 자기 자신을 꾸며 선량함을 가장한다는 말이다. 그리고 그 선량함을 이웃이 믿는 만큼 스스로도 실제라고 믿는다.

하지만 분명히 얘기하건대, 그것은 결코 바람직하지 않은 사랑이다. 이웃에게도 자신에게도 아무런 도움이 되지 않는 사랑이다. 그것은 인간의 고독을 감옥으로 왜곡할 따름이다. 인간은 혼자 나아갈 줄 알아야 한다. 자신에게 호의를 보이는 이웃을 증인으로 찾기 전에, 자신만의 힘으로 무언가에 열정을 쏟아부을 줄 알아야 한다.

033

행위만으로 도덕을 판단하지 마라

　단지 그 사람의 행위만으로 도덕을 판단하지 마라. 누군가 도덕적으로 행위한다고 해서 도덕이 충만한 것은 아니니까. 어쩌면 그 사람은 단순히 도덕이라는 가치에 복종하고 있는 것뿐이니까. 사실 세상에는 깊은 생각 없이 체면 때문에 도덕적으로 행위하는 사람들이 적지 않다. 때로는 자만심이 도덕인 행위를 부추기기도 한다. 아니면 별 다른 의식 없이 무기력하게 체념한 듯 도덕적 행위를 할 수도 있다.

　그냥 도덕에 복종하는 사람은 더 깊은 사고를 하는 데 익숙하지 않다. 그 사람은 이렇다 할 고민이나 갈등 없이 도덕적인 행위를 하고 있을 뿐이다. 그러므로 도덕적인 행위를 근거로 어떤 사람이 도덕적인 인간이라고 평가하는 것은 섣부른 면이 있다. 도덕적인 행위만으로는 도덕의 진위를 판가름할 수 없기 때문이다.

034
더 이상 사랑할 수 없다면

세상의 바보들이여,
내가 마지막으로 가르침을 전한다.

더 이상 사랑할 수 없다면
그냥 스쳐 지나가야 한다!

035
인간의 감정은

인간의 감정은 약속할 수 없는 것.
인간의 감정보다 더한 변덕쟁이는 없다.

영원히 사랑하겠다고?
절대로 용서하지 않겠다고?
반드시 그렇게 하겠다고?
죽어도 못하겠다고?
변함없이, 철석같이 믿는다고?
인간은 다른 인간에게 쉽게 다짐한다.
손가락을 걸며 서슴없이 맹세한다.

하지만,
인간의 감정은 약속할 수 없는 것.
인간의 힘이 닿지 못하는 일을 약속하는 것.

036
그들은 비겁한 자들

이제 젊은 가슴들은 노쇠했다. 아니, 그렇다기보다 지치고 천박하고 게을러졌을 뿐이다. 그들은 나이가 들고 열정이 식자 어느새 음흉한 자, 음모를 꾸미는 자가 되어버렸다. 일없이 난로 옆에 쪼그려 앉아 있는 한심한 자가 되어버렸다.

커다란 고래가 그들의 마음속 고독을 집어삼켰을까? 전령의 외침에 귀 기울이던 그들의 바람이 수포로 돌아갔기 때문일까? 하기야 그들 중에 자유분방하면서도 용기를 가졌던 이는 항상 드물었다. 그들의 정신은 대부분 끈질기지 못했다. 그들은 거의 모두 비겁한 인간이었을 뿐이다.

037
직접 겪어봐야 안다

말로써 마음을 전부 표현할 수 있을까?

그것은 불가능에 가깝다. 아무리 솔직히 털어놓으려고 해도 마음속에는 진득한 앙금 같은 것이 남게 마련이다. 때로는 그 때문에 오랫동안 찜찜한 뒷맛이 사라지지 않는다. 괜한 오해를 사지 않을까 걱정에 빠지기도 한다.

그런데 말로써 마음을 전부 전하지 못하는 것은 당연한 일이다. 사전에 나와 있는 모든 단어를 동원해도 인간사를 세세히 묘사하기는 어렵다. 인간의 말은 다만 평균적이고 중간적인 것을 표현할 따름이다. 이러저러한 배경을 모두 담아내지 못한 채 결론만 대충 이야기할 뿐이다. 잘해봤자, 겨우 의미 전달에만 성공하는 것이 말의 한계다.

또한 다른 사람으로부터 말로써 전달받은 내용은 실감하기도 쉽지 않다. 다른 사람이 들려준 말은 언젠가 그것을 직접 체험할 때 비로소 그 의미를 좀 더 자세히 깨닫게 된다.

038
고독은 나의 고향

고독이여! 그대, 나의 고향이여!

누군가에게 버림받는 것과
고독은
완전히 다르다.

당신은 드디어 그 사실을 깨달았다.
무수한 사람들 사이에서
당신이 언제나 쓸쓸하고 낯설 것이라는 사실을.
어떤 사람들이 당신을 사랑할 때조차
한없이 쓸쓸하고 낯설 것이라는 사실을.

그 까닭은, 인간이란 것이
무엇보다 간절히
보살핌을 받고 싶어 하는 존재이기 때문이다.

039
이토록 복된 고요

고독 속에서는
모든 존재의 언어를 담아놓은 상자가
나를 위해 활짝 열린다.
모든 존재가 말이 되려고 하는 것이다.
또한 고독 속에서는
모든 생성(生成)이
나에게 말하는 법을 배우려고 한다.

아, 나를 에워싼 복된 고요여!
그것은 나를 감싼 정갈한 향기.
고요는 가슴 깊은 곳으로부터
얼마나 깨끗한 공기를 내쉬게 하는가.
아, 복된 고요가 얼마나 조용히 귀 기울이는가.

040
차별주의자의 오만

인간이 가진 가장 큰 오만은 무엇인가?

다름 아닌 사랑받으려는 마음이다.
많은 사람들의 내면은
자신이 사랑받을 가치가 있다고 믿는다.
나아가 자신이 다른 이들보다
조금 특별한 존재라고 느끼기도 한다.
그러한 인간은 차별주의자다.
자신이 특별히 평가받을 존재라고 생각하니까.
자기가 사랑받을 수 있는 존재라고 확신하니까.

4장

진부하기 짝이 없는 푸념들을
지혜로 받아들이지 마라.

001
내가 바보라는 생각

나에게 가장 심각한 위험은 '보살핌'과 '동정' 속에 깃들어 있었다. 모든 인간은 보살핌과 동정을 바란다. 나 역시 그렇게 살아왔다. 진리를 외면한 채, 바보가 된 것 같은 마음으로. 나는 동정에서 비롯된 거짓말을 아무 거리낌 없이 늘어놓기도 했다. 그렇다, 나는 인간들 속에서 그렇게 살아왔다.

나는 가면을 쓰고 인간들 가운데 앉아 있었다. 설령 그들을 괜히 참아낸다고 오해받아도 상관없었다. 나는 마음속으로 "바보여, 너는 인간을 알지 못해!" 하며 스스로 자신에게 충고를 건네기도 했다.

인간은 인간 속에서 살아가며 인간을 망각한다. 모든 인간에게는 지나치게 많은 겉치레가 있다. 그러니 저기 먼 곳을 바라보는 눈빛이 다 무슨 소용이란 말인가. 그런 까닭에 나는 사람들이 나를 오해할 때조차 오히려 그들을 이해해주었다. 그리고 바보가 되어버린 나를 가혹하게 대했다. 관용을 베풀고 나면 그 대가로 나 자신에게 복수심을 불태우기도 했다.

002
산 위에서 살아야 한다

무덤을 파는 사람들은
무덤을 파내다가 병까지 파내어
자신이 병을 얻는다.
오래된 폐허 밑에는
고약한 냄새가 고여 있지 않나.
그러므로
괜히 정체 모를 수렁을 휘젓지 말아야 한다.

무릇 사람은
산 위에서 살아야 한다.

003
긍정적인 어느 날의 세계

어느 날, 나는 확신에 찬 눈으로 이 유한의 세계를 응시했다. 미래와 과거에 대한 호기심 따위는 없었다. 어떤 두려움도 없고, 누군가에게 애처롭게 사정하지도 않았다.

마치 내가 부드러운 벨벳 껍질의 잘 익은 황금 사과를 손에 쥔 것처럼, 그렇게 세계가 내게 주어졌다. 지친 여행객에게 휴식을 주는 이파리 무성하고 의지력 강한 나무가 나를 향해 눈짓하는 것처럼, 그렇게 세계가 나의 땅 위에 놓였다. 마치 누군가의 섬세한 손길이 나를 매혹시키는 신비의 상자를 건넨 것처럼, 그렇게 이 세계가 나의 품에 안겼다.

그날은 인간에 대한 사랑을 부정하게 할 만한 수수께끼가 없었다. 그렇다고 인간의 지혜를 무색하게 할 만한 해답이 주어진 것도 아니었다. 오래전부터 그토록 많은 사람들이 조롱하며 악담을 퍼부어온 이 세계가 그날만큼은 매우 긍정적으로 보였다.

004
육욕(肉慾)에 대하여

육욕은 천민들에게 자신을 서서히 태워버리는 불이다. 벌레가 갉아먹은 모든 나무와 땟국 절은 누더기에 언제라도 욕정의 불을 붙여 활활 타오르는 난로다.

육욕은 자유분방한 자들에게 결백하고 순수하며 어디에도 얽매이지 않는 즐거움이다. 모든 미래가 현재를 위해 정중히 바치는 흘러넘치는 감사함이다.

육욕은 시들어버린 자들에게 달콤한 독약이 되기 십상이다. 그렇다 해도 사자의 용맹을 내보이는 자들에게는 자양강장제, 또는 품질 좋은 최고의 포도주이다.

많은 사람들에게 육욕은 최선의 희망을 예감하게 하는 상징적 행복이다. 하지만 나는 나의 생각과 말의 둘레에 높은 울타리를 치리라! 육욕에 빠진 돼지와 미치광이들이 나의 정원에 침입하지 못하도록 경계하리라!

005
지배욕에 대하여

지배욕은 차갑기 짝이 없는 마음을 가진 자를 후려치는 벌 겋게 달아오른 채찍이다. 잔학하기 짝이 없는 자가 자기 자신 을 위해 남겨놓은 무서운 고문이다. 화형대에서 불타오르는 장작더미의 을씨년스런 불꽃이다.

지배욕은 허영심 가득한 군중에 들러붙은 더럽고 지독한 쇠파리다. 그것은 사람들이 가진 자만심의 등에 올라타 모든 어정쩡한 덕을 비웃으며 조롱을 퍼붓는다.

지배욕은 일찌감치 썩어문드러져 속이 텅 빈 것들을 부숴 버리는 강력한 지진이다. 아무 데나 나뒹굴며 이빨을 드러내 고 욕설을 내뱉으면서 회칠한 무덤을 파헤치는 폭력이다. 또 한 섣부른 대답에 눈 깜짝할 새 달라붙는 의문부호다.

인간은 지배욕 앞에서 바짝 엎드려 머리를 조아린다. 인간 은 지배욕 앞에서 뱀과 돼지보다 더 비굴해진다. 그러다가 인 간은 참다못해 단말마처럼 경멸을 쏟아내기도 한다.

006
중력의 영(靈)이 바라는 것

　나의 위장은 새의 위장과 닮았다. 정결한 것을 조금만 먹고, 그 자리에서 망설임 없이 비상해 멀리 날아가려고 한다. 그것이 나의 천성이므로 새의 천성과 다르지 않다. 나는 새의 천성을 가졌으므로 중력의 영과는 적대적일 수밖에 없다.

　타조는 말만큼 빠르게 달리는 것이 가능하지만 아직도 무거운 머리를 대지에 처박고 살아간다. 스스로 날아오르지 못하는 인간도 타조와 다를 바 없다. 그런 인간에게 대지의 삶은 옴짝달싹 못하게 무거울 따름이다. 그것이 바로 중력의 영이 바라는 바다.

007
자신을 사랑하는 법을 배워라

새가 되기를 바라는 자는 자기 자신을 사랑해야 한다. 그러나 병약한 자들의 방식으로 사랑해서는 안 된다. 그들은 자기애조차 나쁜 냄새를 피우기 십상이니까.

인간은 건강한 방식으로 자기 자신을 사랑하는 법을 배워야 한다. 그래야만 자기 자신을 참고 견디느라 방황하지 않는다.

자기 자신을 사랑하는 법을 배우는 것이 계율은 아니다. 그것은 세상 모든 기술 가운데 가장 정밀하고 기묘한 기술이며, 가장 광대한 인내심을 필요로 하는 궁극의 기술이다.

본래 인간의 소유물이란 소유자의 가장 깊숙한 곳에 감춰져 있게 마련이다. 그런 까닭에 자기 자신의 것이 오히려 지하 보물 창고에서 가장 늦게 발견되고는 한다.

008
선과 악

한 아이가 요람에 들자마자
사람들이 너무도 무거운 말과 가치를
지참금으로 넣어준다.

그것은 다름 아닌,
선과 악!
그 지참금 때문에 삶이 허락된다.

아이는 자신의 지참금을 어깨에 메고
험준한 선 너머로 걸음을 옮긴다.
아이는 점점 나이들어 가고
이마에서는 굵은 땀방울이 흘러내린다.
그 모습을 지켜보며 사람들이 소리친다.
"삶은 원래 짊어지기 무거운 것이다!" 라고.

009
만족하지 마라

만물이 선하며, 이 세계가 최선이라고?
나는 그렇게 말하는 사람을 좋아하지 않는다.
나는 그를 가리켜 '만족하는 자'라고 부른다.

모든 맛을 긍정적으로 받아들이는 만족감.
나는 그것이 최선의 미감(味感)이라고
결코 인정하고 싶지 않다.

'좋다'와 '나쁘다'를 명확히 표현하는 것.
그와 같이 몹시 까다로운 혀와 위장을
나는 존중한다.

010

우리의 길은 서로 다르다

"어느 길로 가야 합니까?"
나에게 길을 묻는 자가 있다.

"지금 이것은 나의 길이다.
그대의 길은 어디에 있는가?"
길을 묻는 자에게, 나는 되묻는다.

그러니까 결국,
모두가 가야 하는 하나의 길은
어디에도 존재하지 않는다는 말이다.

011
머물고 싶지 않은 곳

나는 모든 사람이 침을 뱉거나 토하는 곳에 머물고 싶지 않다. 더더구나 그런 곳에서는 한시도 살고 싶지 않다. 차라리 도둑들 사이에서, 툭하면 거짓 다짐을 일삼는 사람들 사이에서 사는 편이 낫다. 그들은 적어도 입에 황금을 물고 다니지는 않기 때문이다.

나는 무엇보다 세상의 모든 아첨꾼들이 싫다. 너무나 역겨워 구역질이 날 지경이다. 나는 그처럼 인간의 탈을 쓴 짐승들에게 기생충이라는 별명을 붙여주었다. 그들은 사랑에 관심조차 없으면서 어처구니없게 자기에게는 사랑이 주어지기를 원한다.

나쁜 짐승이 될 것인가? 나쁜 짐승을 다루는 조련사가 될 것인가?

나는 그 밖에 다른 선택지가 있다고 생각한다. 두 가지 중에서 선택하는 것 말고 다른 길을 떠올리지 못하는 사람들은 불쌍하기 짝이 없다. 나는 그런 사람들 곁에 잠시도 머물거나 살고 싶지 않다.

012

자신에게 명령하고 복종하라

이웃들 사이에 있더라도
자기 자신을 극복하도록 노력하라.
당신이 자기 힘으로 손에 넣을 수 있는 권리를
타인으로부터 받는 일이 없도록 하라.
당신이 스스로 해내야 하는 일을
그 누구도 당신에게 돌려줄 수 없다.
명심하라, 세상에 보답이란 없다.
자기 자신에게 명령을 내리지 못하는 사람은
자기 자신에게 복종해야만 한다.
그런데 자기 자신에게 명령할 수는 있어도
자기 자신에게 충분히 복종하지 못하는 사람이 많다.

013
그런 악을 불러 모아야 한다

진실에 다다를 수 있는 사람은 별로 없다. 그나마 그럴 수 있는 사람들은 아직 진실에 이르기를 바라지 않는다. 무엇보다, 착한 사람들은 진실을 찾기 어렵다. 왜냐고? 정신이 착해지는 것은 일종의 질병이기 때문이다. 그들은 절대로 진리를 좇는 법이 없다.

착한 사람들은 참아내고 양보하는 데 익숙할 따름이다. 그들은 다른 사람들을 흉내 내며 복종하는 것을 즐긴다. 그런 사람들은 좀처럼 자신의 내면에 귀 기울이지 않는다. 진실에 다다르려면, 그리하여 하나의 진리가 태어나려면 착한 사람들이 악이라고 치부하는 것에 주목해야 한다. 그 모든 악을 불러 모아야 하는 것이다. 지금까지 모든 지식 역시 사악하기 그지없는 양심을 거름으로 성장하지 않았나?

014
모든 지나가버린 것을

모든 지나가버린 것은 버림받는다.

나는 모든 지나가버린 것을 동정한다.

앞으로 다가오는 세대의

자비심과 망상이 판단하기에

모든 지나가버린 것은 한낱 다리[橋]였을 뿐.

모든 지나가버린 것은 속절없이 희생당한다.

앞으로 등장하는 폭군과 독재자는 또 어떤가.

그들은 자비롭거나 무자비하게

모든 지나가버린 것을 억압한다.

다시는 벗지 못할 굴레를 단단히 씌워

모든 지나가버린 것을 아주 하찮은 것으로 만든다.

나는 모든 지나가버린 것을 동정한다.

015
진리의 증거

뜨거운 열정에서 비롯된 것이라고
진리는 아니다.
아무리 순수하고 고매해도
그것이 진리의 증거가 될 수는 없다.
이따금 전통과 권위를 내세워
진리를 주장하는 사람들도 있다.
하지만 역사가 깊어 진리라는 말은
절대로 성립되지 않는다.

어떤 사람들은
자신이 진리라고 떠드는 것을 위해
거짓 열정을 내보이고 역사를 왜곡한다.

016
무작정 덧없다고 말하는 어리석음

"대체 무엇을 위해 사는 것인가? 모든 것이 덧없구나! 삶이란, 아무것도 없는 짚더미를 하릴없이 털고 또 터는 것이다. 그 지푸라기를 불태워 봐도 나는 따뜻해지지 않는다!"

이렇게 진부하기 짝이 없는 푸념이 아직도 지혜로 받아들여진다. 퀴퀴한 곰팡이가 잔뜩 피어 있고 고리타분한 쉰내가 풀풀 풍기는데도 많은 사람들이 고개를 끄덕인다. 그것은 곧 곰팡이와 쉰내를 무슨 고귀한 것으로 받아들이는 어리석음 아닌가.

어린아이들이라면 그렇게 칭얼댈 수 있다. 그들은 아직 삶을 충분히 경험하지 못했으니까. 그러므로 진부하기 짝이 없는 푸념은 어린아이들과 다름없이 유치한 것이다. 삶이 그저 아무것도 없는 짚더미를 털고 또 터는 것이라고? 정말 그렇게 생각하는 사람이라면 정성껏 인생을 타작하는 사람들을 바라보며 비웃을 자격이 없다. 그런 어리석은 자들의 입은 단단히 봉해버려야 마땅하다.

017

의욕이 자유롭게 하리라

한참 길을 가다가 멍하니 정신을 놓은 채 길을 잃어버리는 사람들이 있다. 그것이 바로 나약한 인간들의 특징이다. 어느 곳에도 다다르지 못했으면서 극심한 피로감을 느끼는 그들이 마음속으로 되뇐다.

"무엇을 위해 나는 또 이 길을 걸어왔던가? 세상의 모든 길이 다 똑같을 뿐인데?"

그들에게는 이제 의욕이 남아 있지 않다. 누군가 그들의 귀에 대고 달콤한 말을 속삭인다.

"세상에 보람 있는 일은 아무것도 없다. 그러니 그대들은 아무것도 바라지 마라. 아무런 욕망도 갖지 마라."

이 말은 결국 노예가 되라는 설교 아닌가!

멍하니 정신을 놓은 채 길을 잃어버린 사람들은 명심해야 한다. 의욕이 인간을 자유롭게 한다는 것을. 의욕으로 말미암아 창조에 이르기도 한다는 것을.

018
세계에 지친 자여

　세계에 지친 자여! 그럼에도 당신은 결코 대지에 등을 돌리지는 않았다. 당신은 아직 이 대지에 희망을 품으며, 대지를 향한 자신의 권태를 사랑하고 있다.

　세계에 지친 자여! 당신은 대지의 게으름뱅이라는 비판을 들을 수 있다. 그리하여 단호한 채찍질을 당할 수도 있다. 당신의 두 발은 채찍에 맞아 다시 의욕을 가져야 한다.

　당신은 이 대지의 병자가 되고 싶은가? 그렇지는 않을 것이다. 당신은 이 대지에서 보잘것없이 쇠약해버린 존재로 남고 싶은가? 그렇지는 않을 것이다. 교활하고, 나태하며, 쾌락에 빠져드는 자가 되고 싶지도 않을 것이다. 그러니 다시 기운차게 내달려라. 그렇게 하지 않는다면, 당신은 이 세계에서 사라져야 마땅할 것이다.

019
교양 있는 자들을 물리쳐라

초췌한 자가 먼지 구덩이에 누워 있다. 그는 사실 용감한 자다. 자신의 목표에서 단 한 뼘 멀어진 그가 쓰러진 듯 누워 있다. 그는 자기 자신을 향해 하품한다.

용감하지만 누워 있는 자에게 태양이 작열한다. 어디선가 개들이 나타나 그의 이마에 흐르는 땀을 핥는다. 그는 여전히 미동도 없다. 자신의 목표에서 겨우 한 뼘만큼 멀어진 그가, 스스로 탈진한 듯 누워 있기를 바라는 것 같다. 우리는 그 영웅을 그의 천국에 데려다주어야 한다. 아니, 어쩌면 영웅을 그대로 내버려두는 편이 바람직할 수도 있다. 어느 순간 찬란한 비가 쏟아져 그의 마음을 시원하게 달래줄 때까지. 그리하여 그 스스로 모든 피로와 잠에서 깨어날 때까지.

다만 우리는 유념할 것이 있다. 아직도 그의 곁을 맴도는 게으른 개들을 쫓아내야 한다. 또 어느새 우글거리며 몰려온 구더기들도 퇴치해야 한다. 흔히 교양 있는 자들이라고 불리는 개와 구더기들은 영웅이 흘리는 땀을 좋아한다.

020
그냥 지나칠 줄 알아야 한다

나는 용감한 사람을 사랑한다. 그런데 용감한 사람은 양날의 칼을 지니는 것만으로 충분하지 않다. 우선 그 칼로 누구를 베어야 하는지도 알아야 한다. 아울러 어떤 대상 앞에서 자신을 제어하며 그냥 지나칠 줄도 알아야 한다. 그것이 진정 큰 용기다. 그리하여 용감한 사람은 자신에게 보다 잘 어울리는 상대를 만날 때까지 힘을 비축할 수 있다.

명심하라. 적을 가지려면 증오할 가치가 있는 상대라야 한다. 경멸하는 대상을 적으로 삼아서는 안 된다. 왜냐하면 자랑스럽게 생각할 수 있는 대상을 적으로 삼아야 하기 때문이다. 자신에게 보다 어울리는 적을 만나기 위해, 자신을 절제해야 한다. 별 볼 일 없는 대상 앞에서는 자신을 제어하며 그냥 지나칠 줄도 알아야 한다.

021
부디 단단해져라

내가 그대들에게 묻는다.

왜 그렇게 나약한가?
왜 그렇게 유약하며 굴욕적인가?
그대들의 마음속에
왜 그렇게 부정과 배척이 가득한가?
그대들의 두 눈에는
왜 그렇게 시시한 운명이 들어차 있나?

나는 그대들의 머리 위에
새로운 서판(書板)을 내건다.

"단단해져라, 부디 단단해져라!"

022
최후의 승리를 위하여

나의 의지여, 나의 필연이여,
모든 사소한 승리로부터 나를 지켜라!
내 영혼의 섭리여, 내 안의 자아여,
커다란 운명을 위해 나를 아껴 달라!
또다시 당부하건대 나의 의지여,
궁극의 그 무엇을 위해
나의 위대함을 지키고 아껴 달라!

나는 사소한 승리에 굴복하고 싶지 않으니.
자기도취의 어둠에 두 눈이 멀고 싶지 않으니.

나의 의지여, 나의 필연이여,
최후의 놀라운 승리를 위해 나를 성숙케 하라!

023
밖으로 걸어 나오라

당신은 오랫동안 눈을 감고 누워 있었다.
다시 두 발로 일어서지 않겠는가?

바라건대, 이제 당신의 동굴에서 걸어 나오라.
꽃밭 같은 세계가 당신을 기다린다.
향기의 유희로 바람이 당신을 그리워한다.
맑은 시냇물도 당신을 좇아 흐르려 한다.

당신은 이미 오랫동안 홀로 있었다.
그리하여 만물이 당신을 궁금해 하며 기다린다.

바라건대, 이제 당신의 동굴에서 걸어 나오라.
만물이 당신을 치유하는 의사가 되려 한다.

024
중심은 어디에나 있다

모든 것은 간다. 또 모든 것은 되돌아온다. 그렇게 존재의 수레바퀴는 영원히 회전한다. 모든 것은 죽는다. 또 모든 것은 다시 살아난다. 그렇게 존재의 시간은 영원히 굽이친다.

모든 것은 끊어진다. 또 모든 것은 새롭게 이어진다. 그렇게 존재의 집이 똑같은 모습으로 영원히 건설된다. 모든 것은 이별한다. 또 모든 것은 재회한다. 그렇게 존재의 둥근 고리는 영원히 자기 자신을 좇는다.

존재의 시작은 모든 순간에 있는 법. 모든 '이곳'을 한가운데 두고 모든 '저곳'이 원을 그리며 돌고 또 돈다. 중심은 어디에나 있다. 영원의 오솔길이 굽어 있다.

025
인간은 잔인한 짐승

　사실 인간이야말로 가장 잔인한 짐승이다. 그들은 스스로 비극을 찾아보고, 투우를 관람하고, 십자가의 처형을 바라보며 지상에서 더없는 행복을 느껴왔다. 또 인간이 지옥을 꾸며 냈을 때는 어떤가? 아, 그것은 인간에게 지상 최고의 천국과 다름없었다.

　인간은 특히 자기 자신에 대해 가장 잔인한 짐승이다. 만약 당신이 스스로 자신을 죄인이라고 칭하는 자를 만난다면 주의를 잃지 말아야 한다. 스스로 자신을 십자가를 진 자나 속죄자라고 소개하는 자를 조심해야 한다. 왜냐하면 자기 자신에 대한 그들의 자아비판과 고발에는 커다란 육욕(肉慾)이 감춰져 있기 때문이다.

026
고통이라는 영양제

연약한 인간은
외부의 고통에 멸살당한다.

그러나 스스로 굳건히 견뎌내,
마침내 살아남는 인간에게
외부의 고통은 영양제와 다름없다.

끝내 살아남은 사람들은
외부의 고통을
극복하지 못할 아픔이라고 부르지 않는다.

027
나의 권태

나는 오래전에
가장 위대한 인간과 가장 작고 초라한 인간의
벗은 몸을 본 적이 있다.

놀랍게도,
그들은 거의 똑같을 만큼 서로 닮았다.
최대의 인간 역시 너무나 왜소했던 것이다.
그것이 인간에 대한 나의 권태였다.
그리고 가장 작고 초라한 인간조차
영원히 회귀한다는 사실도 알게 되었다.
그것이 모든 존재에 대한 나의 권태였다.

028
타인의 긍정적인 면을 보라

사람에게는 좋은 점과 나쁜 점이 모두 있다. 다른 사람을 바라볼 때는 그중 좋은 점에 집중하라. 그의 부정적인 면보다는 긍정적인 면에 주목하라. 그래야만 그 사람의 고귀함을 발견할 수 있으니까.

만약 다른 사람의 저열한 모습만 부각한다면, 그것은 자신의 어리석음을 반증하는 것이다. 타인을 반면교사 삼아 자신을 개선하기보다는, 그 사람의 부정적인 면을 통해 자신의 부족함을 감추려는 것이다. 나아가 타인의 단점을 깎아내려 자신의 위신을 높이려는 것이다.

그러니 자신을 위해서라도 다른 사람의 좋은 점을 보려고 애써야 한다. 아울러 다른 사람에게서 나쁜 점만 찾으려는 사람은 되도록 멀리해야 한다. 그런 사람과 어울리다 보면 자기 자신도 잘못된 습관에 물들게 되니까.

029
영원 회귀에 대하여

언젠가 나는 죽어 사라진다. 한순간에 '없음', 그야말로 무(無)가 되는 것이다. 내 영혼도 육체와 다름없이 영영 죽는다.

그러나 나를 옭아맸던 근원(根源)의 매듭은 영원히 죽지 않고 회귀한다. 그 근원의 매듭이 나를 다시 창조한다. 그렇다, 나 자신이 영원 회귀의 근원에 속해 있는 것이다.

나는 다시 돌아온다. 태양과 대지와 함께. 또 이 땅의 독수리와 뱀과 함께. 그렇다고 내가 하나의 새로운 삶으로 돌아오는 것은 아니다. 지금까지와 비슷한 삶이나 보다 나은 삶으로 돌아오는 것이 아니라는 말이다. 나는 만물에 영원 회귀를 가르치기 위해 돌아온다. 찬란한 대지의 정오와 위대한 인간의 정오에 대해 이야기하기 위해 돌아오는 것일 뿐이다.

030
그대는 누구인가

그대가 가까이 있으면 두렵고, 그대가 멀리 있으면 그립다. 그대가 달아나면 궁금해 하고, 그대를 찾으면 머뭇댄다. 몹시 괴롭구나! 그럼에도 나는 그대를 위해 어떤 괴로움도 마다하지 않는다.

그대가 차가우면 마음이 불타오르고, 그대가 미워하면 마음이 집착한다. 그대가 떠나가면 마음이 묶이고, 그대가 조롱하면 마음이 감격한다. 그대는 나를 구속하고 우롱하며 유혹하고 탐구하는 자. 그리하여 나를 발견하는 자. 누군들 그대를 미워하지 않으리. 누군들 그대를 사랑하지 않으리.

순진하고, 성급하고, 참을성 없는 말썽꾸러기여! 그대는 나를 어디로 끌고 가려 하는가? 그러고는 왜 이내 나를 떠나 달아나려 하는가? 그대, 은혜를 모르는 자여!

031
인간이라서 고뇌한다

인간은 동물이다. 그러나 인간에게는 다른 동물들에게서 찾아볼 수 없는 한 가지 중요한 차이가 있다. 실존에 대한 의문과 확인의 욕구를 가졌다는 점이다. 그리하여 인간은 공상하는 존재가 되었다. 자신이 어떻게 존재하고, 왜 존재해야 하는지 알고 싶어 고뇌하게 되었다.

한마디로 인간은 고뇌하는 존재다. 만물 가운데 인간만이 생각에 잠겨 괴로워하고 번민한다. 그러므로 인간은 자연과 가장 어긋난 동물이다. 가장 병적인 동물이다. 기꺼이 자기 실험의 희생양이 되려는 동물이다. 지칠 줄 모르는 욕망을 가진 동물이다. 그나마 본능에서 가장 멀리 벗어난 동물이다. 그래서 가장 흥미로운 동물이다.

032

삶의 나룻배

삶의 눈동자를 유심히 들여다보았다.
캄캄한 밤의 두 눈에 황금이 반짝이고 있었다.
나의 심장이,
순간 그 환희 때문에 멈춰버릴 것 같았다.

칠흑처럼 어두운 수면 위에서 반짝이는
황금의 나룻배 한 척!

불현듯 물에 잠기는가 싶다가도
다시 솟아올라 흔들거리는
황금의 나룻배 한 척!

033
만약에 그랬더라면

일찍이 나의 분노가 무덤들을 파헤치고 경계석들을 멀리 밀쳐냈더라면. 낡은 서판들을 가파른 낭떠러지로 굴려 무참히 박살내버렸더라면.

일찍이 나의 손이 가장 먼 것을 가장 가까운 것에 가져갔더라면. 정신에 불을, 고통에 쾌락을, 가장 착한 것에 가장 악한 것을 쏟아부었더라면.

일찍이 내가 발견되지 않은 것 쪽으로 돛을 활짝 펼쳤더라면. 그와 같은 탐구의 쾌락이, 항해자의 기쁨이 내게 있었더라면.

일찍이 내가 머리 위로 펼쳐진 고요한 하늘을 자신의 날개로 날아 나의 하늘로 만들었더라면. 내가 까마득한 빛의 미궁 속을 즐겁게 헤엄쳐 다니고, 나의 자유에 새의 자유가 찾아왔더라면.

034
행복의 섬들은 존재한다

"모든 것은 똑같다. 아무것도 보람 없다. 무엇을 찾아 헤맨들 아무 소용없는 일이다. 행복의 섬들은 이미 존재하지 않는다!"

예언자가 이렇게 말하며 통탄했다.

그러자 차라투스트라가 캄캄한 수렁을 밝히는 한 줄기 빛처럼 힘찬 목소리로 소리쳤다.

"아니다, 아니다, 아니다! 행복의 섬들은 여전히 존재한다. 그 진실에 대해서는 내가 너보다 훨씬 더 잘 알고 있으니 입을 다물라. 툭하면 한숨이나 짓는, 보잘것없는 슬픔의 자루여!"

035
건강한 농부가 되어라

　얼굴에 진한 화장을 하고 온몸에 금박을 둘렀으나 그들은 가짜다. 나는 그들을 가리켜 천민이라고 부른다. 그런 자들과 함께 사느니 은둔자나 양치기들과 함께 어울리는 편이 바람직하다. 설령 천민들이 자신들의 터전을 상류 사회라고 주장하더라도. 자신들을 일컬어 스스로 귀족이라 자임하더라도.

　천민들의 터전에서는 모든 것이 썩어문드러진다. 특히 그들의 피가 그렇다. 오래된 나쁜 질병들과 그것을 치유할 수 없는 돌팔이 의사들이 그들의 피에서 악취를 풍기게 만들었다. 그렇다면 내가 가장 좋아하는 사람들은 누구일까? 그들은 건강한 농부다. 거칠고 고집스럽지만 끈기 있는 농부들이다. 그들이 바로 오늘날 가장 거룩한 종족이다.

036
밑바닥 인간이 힘을 가지면

인간에게 매우 가혹한 불행이 있다.
그것은 단연코
힘 있는 자가 최선의 인간이 아닌 경우다.
그 땅에서 모든 것은 거짓이 된다.
모든 것이 왜곡되고 어처구니없어진다.
더구나 힘 있고 최선의 인간이 아닌 자들이
가장 밑바닥의 인간이라면,
더러운 우리 안의 가축이라면,
천민들의 가치만 점점 더 높아질 뿐이다.
그리하여 마침내 천민들이
"보아라, 오직 나만이 덕이다!"라고 소리치는
황당무계한 시대가 찾아오고야 만다.

037
진실한 지식의 양심

두루두루 어설프게 아느니 차라리 아무것도 모르는 편이 낫다. 다른 사람의 판단에 따라 움직이는 현자라면 차라리 자기 자신에게 의지하는 바보가 낫다.

나는 사물의 바닥으로 돌진하고 싶다. 그 바닥이 넓든 좁든 무슨 상관이란 말인가? 그 바닥이 늪이든 하늘이든 무슨 상관이란 말인가? 단 한 뼘의 바닥으로도 나는 충분하다. 그 바닥이 틀림없이 실재하고 도약의 뜀틀이 되어준다면 아무런 부족함을 느끼지 않는다.

단 한 뼘의 바닥!

나는 그 위에 올라설 수 있다. 진실한 지식의 양심에 넓고 좁은 것, 크고 작은 것의 구별은 존재하지 않는다.

038
비판을 가까이 하라

바람이 원활히 오가지 않아 눅눅한 곳에는 곰팡이가 핀다. 사람들이 살아가는 세상도 다르지 않다. 통풍이 잘 되지 않는 폐쇄 공간에는 곰팡이와 같은 부패가 일어나게 마련이다. 외부와 소통하지 않는 인간 조직은 결국 썩어문드러져 쇠락하고 만다.

세상의 곰팡이를 방지하는 신선한 바람이란 무엇인가?

그것은 다름 아닌 비판이다. 저열한 비난이나 심술이 아닌 건강한 비판이 폐쇄 공간에 맑은 공기를 불어넣는다. 열심히 내달리는 사람의 땀을 식혀주고, 순식간에 번져나갈 수 있는 나쁜 세균의 번식을 막아준다. 건강한 비판은 병든 사람을 살리는 명약이다.

039
진리를 향한 정직함

나는 오랫동안 진리를 좇았다.

그것이 나의 영토였다.

그 하나를 위해 다른 모든 것을 버렸고

다른 모든 것에 관심을 갖지 않았다.

내 정신의 양심은

단 한 가지만 알아 모든 것에 무지하기를 바랐다.

그 밖에 모든 서툴고, 흐릿하고, 헛된 것들은

나에게 구토를 일으킬 뿐이었다.

나는 진리를 향한 정직함의 끝에서

기꺼이 장님이 되려고 했다.

내가 갈망하는 정직함은

정밀하고, 엄격하고, 때로는 잔인했다.

040
자기 자신을 속일 수는 없어

나는 당신을 잘 안다.
당신은 어느덧 모든 사람을 속일 수 있는
능수능란한 마술사가 되었다.

하지만 당신은 깨달아야 한다.
자기 자신에 대해서는
거짓말과 속임수가 통하지 않는다는 사실을.
그 이유는,
당신의 마술에서
당신만큼은 이미 풀려나 있기 때문이다.

5장

이토록 혼란한 세상에서,
나의 의지는 갈수록 더 단단해진다.

001
이것만은 진짜다

나는 지쳤다.

이제 나의 연기가 구역질난다.

나는 위대하지 않다.

위대한 척해봐야 달라지는 것은 없다.

그럼에도 당신은 알고 있으리라.

내가 진실로 위대함을 추구했던 것만큼은.

위대한 인간을 연기하는 거짓말은

내가 감당하기 어려운 일이었다.

나는 그 같은 거짓말 탓에 파멸의 길에 들어섰다.

나는, 나의 거짓말을 솔직히 고백한다.

다만 단 하나,

나의 파멸만큼은 진짜인 것을 알아주기 바란다.

002
지금은 천민들의 세상

아직까지 나는 위대한 인간을 만나보지 못했다. 요즘은 가장 예민한 눈을 가진 사람들조차 진정으로 위대한 것을 발견하기 어렵다. 왜냐하면 지금 이 세상이 천민들의 영토이기 때문이다.

물론 과장되게 팔다리를 휘두르며 한껏 기지개를 켜대는 자들을 본 적은 있다. 그들은 스스로 자기가 위대하다며 우쭐대는 꼴이었다. 그러면 그들을 본 군중이 소리쳤다. "저 위대한 인간에게 환호하라! 저 위대한 자를 따르라!" 하고. 하지만 그 같은 부추김은 아무 짝에도 쓸모없는 소란이었다. 결국 한껏 부풀어오른 그들의 배에서 헛바람만 새어나왔으니까.

그렇다, 지금은 천민들의 세상이다. 그러니 어떤 것이 크고 어떤 것이 작은지, 어떤 것이 넓고 어떤 것이 좁은지 누가 알겠는가? 누가 진정 위대한 것을 발견할 수 있단 말인가? 오직 바보들만 그런 구분과 발견에 성공할 것이다.

003
저 너머 먼 곳을 바라보라

신의 동정이든 인간의 동정이든, 동정은 부끄러움을 모른다. 돕는 것이 돕지 않는 것보다 항상 고귀한가? 아니다. 돕지 않는 것이 돕는 것보다 거룩할 수 있다.

그런데 동정은 오늘날 모든 작고 초라한 인간들로부터 덕, 그 자체로 인정받는다. 그처럼 왜소한 인간들은 불행과 추악함과 실패를 목격하며 공경하면서도 두려워하는 외경심을 갖지 못한다.

나는 조용히 저 너머 먼 곳을 바라본다. 한 곳에 몰려들어 풀을 뜯는 무수한 양 떼 너머로 먼 곳을 응시하는 한 마리의 늠름한 개처럼. 양들은 순한 성격과 부드러운 털을 가졌지만 왜소하기 짝이 없는 회색 인간들일 뿐이다.

004
되새김질이 중요해

우리는 암소처럼 되지 않는 한 천상(天上)에 오르지 못한다. 어서 마음을 돌려라. 우리는 암소들로부터 한 가지 꼭 배워야 할 것이 있다. 그것은 다름 아닌 되새김질이다. 인간이 만물의 영장이라고? 그러나 이 한 가지를 배우지 못한다면 아무 짝에도 쓸모없는 일이다. 되새김질을 배우지 못한 인간은 자신의 슬픔으로부터 결코 해방되지 못한다. 거대한 자신의 슬픔으로부터 자유로워질 수 없는 것이다. 그 슬픔은 '구역질'이라고 불리지 않나. 오늘날 자신의 마음과 눈과 입이 구역질로 가득 차지 않은 인간이 얼마나 된단 말인가?

005
천민을 향한 구역질

위에도 천민,
아래에도 천민이구나!

이제 가난하다는 것과
부유하다는 것에 어떤 의미가 있나?

나는 그런 구분을 잊어버렸다.
이것은 천민을 향한 구역질이다.

006
내가 나를 사랑할 수 있을까

'참된 것이 따로 있지는 않다. 모든 것이 허용된다.'

나는 이렇게 되뇌었다. 나의 머리와 심장이 차가운 물속으로 뛰어들었다. 빨간 게처럼 벌거벗은 채 서 있는 내 모습이라니!

나의 모든 선량함과 수치심, 착한 사람들에 대한 믿음은 다 어디로 사라졌나. 내가 갖고 있던 거짓의 순수함과 착한 사람들의 그럴듯한 거짓말에서 느껴지던 순진무구함은 다 어디로 사라졌단 말인가.

그동안 나는 진리의 뒤를 바짝 좇았다. 그러자 진리가 머리통을 후려갈기고는 했다. 나는 이따금 거짓말을 내뱉었는데, 어느 순간 비로소 진리의 정체를 엿볼 수 있었다. 아, 나는 너무 많은 것을 알게 됐다. 더는 그 무엇도 나의 관심을 끌지 못한다. 이제 내가 사랑하던 것들 중 살아남은 것은 하나도 없다. 그러니 과연 내가 나 자신을 사랑할 수 있을까?

007
무엇이 남아 있나

아직도 내게는 어떤 목표가 있나?
아직도 나의 돛이 향하는 항구가 있나?

지금 순풍이 불고 있나?
아, 자기 스스로 어디로 가는지 아는 자만이
순풍에 대해 알고 있으리.
어떤 바람이 자신에게 순풍인지,
어떤 바람이 적당한 것인지 깨닫고 있으리.

내게는 아직 무엇이 남아 있나?
지치고 염치 모르는 마음,
불안정한 의지, 힘없이 퍼덕거리는 날개,
부러진 척추. 그런 것 말고,
내게는 아직 무엇이 남아 있나?

008
조심하고 또 조심하라

자유로운 정신의 방랑자여,
당신의 낮은 예사롭지 않았다.
이제 당신에게 더 불길한 저녁이 찾아오지 않도록
조심하고 또 조심하라.

정처 없는 자들은
어느 순간 감옥마저 행복한 곳이라 여기게 된다.
감옥에 갇혀 살아가는 죄수들은
자기도 모르는 새 새로운 안정에 빠져든다.
편안한 표정으로 잠자리에 드는 것이다.

그러니 옹졸한 믿음과 경직된 망상에 휘말리지 않게
조심하고 또 조심하라.
옹졸한 믿음과 경직된 망상의 유혹에 빠지지 않게
조심하고 또 조심하라.

009
풀밭에 누워서

나의 영혼이 풀밭에 누워 있다.
은밀하고 엄숙한 시간.
지금은 어떤 양치기도 피리를 불지 않는다.

뜨거운 정오(正午)가 초원에 잠들어 있다.
누구도 노래하지 마라.
조용히, 세계가 완전해진 시간.

풀밭의 새들이여, 나의 영혼이여,
나직이 속삭이지도 마라.
조용히, 하늘을 바라보기만 하라.

늙은 정오가 잠자며 입맛을 다신다.
늙은 정오가 한 방울의 행복을 마신다.

010
최고의 행복을 만드는 것

가장 적은 것,

가장 침묵하는 것,

가장 가벼운 것,

그런 것이 최고의 행복을 만든다.

한 번의 숨소리,

한 번의 스침,

한 번의 순간의 눈길,

그런 것이 최고의 행복을 만든다.

작고 사소한 것이 최고의 행복을 만든다.

011
높고 강한 의지의 소나무

　지상에서 자라는 것 가운데 최고의 기쁨은 높고 강한 의지다. 그것은 대지에서 자라나는 가장 아름다운 나무라고 비유할 수 있다. 그 나무가 대지에 생기를 불어넣는다. 그중에서도 가장 성숙한 나무를 나는 소나무라고 부른다.

　매우 오랜 세월을 견뎠으며, 엄격하고 말이 없으면서 외롭게 서 있는 소나무. 그러면서도 더없이 유연하면서 당당한 소나무. 강인하고 푸른 가지들을 뻗어 자신만의 영역을 갖고, 돌풍과 벼락 앞에서도 전혀 주눅 들지 않은 채 질문하는 소나무. 또한 명령하는 자로서, 승리에 승리를 거듭하는 자로서 의연하게 대답하는 소나무.

　누군들 그런 소나무를 직접 보기 위해 높은 산에 오르지 않겠는가?

012
당신은 다리이자 계단이므로

당신의 어깨를 많은 짐과 추억이 짓누른다. 심술궂은 난쟁이들이 당신의 몸 구석구석에 앉아 해찰을 부린다. 그리하여 당신의 안에도 천민이 숨어 있다.

당신이 더 높은 종족이라며 자부심을 드러내도 소용없다. 당신의 많은 것이 기형적이라 이리저리 뒤틀려 있으니까. 당신을 정성껏 두들겨 곧게 펴줄 대장장이는 어디에도 보이지 않는다. 당신은 한낱 다리일 뿐이다. 차원 높은 인간들이 당신을 밟고 저 너머로 나아간다. 다시 말해 당신은 계단일 뿐이다. 그러니 차원 높은 인간들이 당신을 밟고 저 너머 높은 곳으로 오르려 한들 그들에게 절대로 불쾌해하지 마라. 당신을 밑받침 삼아 언젠가 진정한 아들과 완전무결한 상속자가 나타나게 될 테니.

013
시장에서 떠나라

　새 아침에 새로운 진리가 찾아왔다. 차원 높은 인간들이여, 시장에서는 아무도 그대들을 믿지 않는다. 그대들이 어떤 말을 들려준다면, 시장의 천민들은 고개를 갸웃하며 거침없이 대꾸할 것이다. "인간은 모두 평등하다!"라고.

　그리고 천민들은 덧붙여 소리칠 것이다. "차원 높은 인간이라고? 세상에 그 따위 말은 아무런 의미도 없는 헛소리다. 인간은 인간일 뿐이고, 모든 인간은 평등하다! 신 앞에서 모든 인간은 평등할 뿐이다!"라고.

　시장의 천민들은 "신 앞에서"라는 부분에 더욱 힘을 줘 이야기한다. 그들은 이미 신이 죽었다는 사실을 인정하지 않는다. 그러나 차원 높은 인간들은 천민들 앞에서 평등해지고 싶지 않다. 그러니 차원 높은 인간들이여, 시장에서 떠나라!

014
경멸하고 절망하라

나는 인간을 사랑한다. 왜냐하면 그들이 건너가는 존재이며 몰락하는 존재이기 때문이다. 특히 차원 높은 인간들이 경멸한다는 것, 그것이 나에게 희망을 갖게 한다. 나는 경멸하는 자들이 곧 존경하는 자들이라고 믿어 의심치 않는다.

또한 차원 높은 인간들은 절망할 줄 안다. 나는 그 점을 존경한다. 그들에게는 무작정 참고 견디는 미덕이 없다. 그들은 같잖게 눈치 빠른 재주를 부리거나 능란한 말솜씨를 뽐내지도 않는다.

어느덧 이 세상은 작고 초라한, 왜소한 자들이 주인 행세를 하고 있다. 그들은 겸손, 재치, 근면, 조심성 같은 볼품없는 것들을 덕이라며 설교한다.

015
당신은 용기 있는가

당신은 용기 있는가?
당신은 담대한가?
진정한 용기는 목격자 앞에서의 용기가 아니다.
어떤 신도 돌보아주지 않는 은둔자의 용기,
그것이 바로 독수리의 용기다.

그렇다고 냉정한 영혼, 노새나 술주정뱅이를
담대하다고 말하는 것은 아니다.
두려움을 알면서 두려움을 통제하는 사람,
심연을 들여다보며 긍지를 갖는 사람,
그런 자들이 실로 용기 있는 것이다.
독수리의 눈으로 보는 사람,
독수리의 발톱으로 움켜쥐는 사람,
그런 자들이 진짜 용기 있는 것이다.

016
능력 밖의 것을 바라지 마라

자신의 능력 너머에 있는 것을 바라면 안 된다. 그런 시도에는 간사하고 악랄한 속임수가 따르게 마련이다. 더구나 위대한 것을 원할 때는 그와 같은 부작용이 두드러진다. 자신이 가진 능력 밖의 것을 원하는 자들이, 화폐 위조범이자 사악한 연극배우 시늉을 하는 자들이 위대한 것을 조롱하며 불신을 조장하기 때문이다.

그리고 자신의 능력 너머에 있는 것을 바라는 자들은 거기에서 멈추지 않는다. 그들은 구질구질하게 쏟아내는 말과 보잘것없는 덕, 졸렬한 거짓으로 자신마저 속이는 지경에 이르고 만다. 또한 삐딱한 눈으로 세상을 시기하며 부질없이 회칠한 벌레의 먹잇감이 되고 만다.

017
무엇을 위해 한다는 생각

무작정, 무엇이든 곧이곧대로 듣거나 설득당하는 것에 유의하라. 당신은 이웃을 위해 행동할지언정, 이웃을 위해 창조하지는 마라. 당신의 이웃이 대체 누구란 말인가? 인간은 오직 자기 아이만을 잉태하는 법. 당신의 일, 당신의 의지가, 당신의 이웃인 것을 명심하라.

당신은 창조하는 자인가?

그렇다면 '무엇을 위해'라는 생각을 떨쳐버려라. 나는 당신의 덕이 '무엇을 위해', '무엇 때문에' 어떤 일을 하지 않게 되기를 바란다. 그와 같이 진실하지 않고 졸렬한 말들에 당신은 귀를 열지 말아야 한다. 부디 거짓된 가치에 속아 넘어가지 않도록 유의하라.

018
황금 같은 성숙을 이루어

지금 무엇이 당신의 커다란 단지 속에서 서로 부딪혀 거품을 일으키고 있나?

당신의 단지 안에 든 것은 인간의 가장 먼 것, 인간의 가장 깊은 것, 그리고 인간의 강한 힘. 또한 하늘의 별처럼 가장 높은 것. 그 단지가 끝내 부서진다 한들 이상할 것이 대체 뭐란 말인가?

당신은 긍정적인 방식으로 자신에 대해 비웃는 법을 배워야 한다. 아직도 가능한 일이 얼마나 많은가? 당신은 사소하지만 바람직하고 완전한 사물들을 주변에 두어야 한다. 그 사물들이 황금 같은 성숙을 이루어 마음의 병을 치유하니까. 그렇게 사소하지만 바람직하고 완전한 것이 희망을 갖도록 충고한다.

019
일방적인 자들을 피하라

자기를 사랑하지 않는다고 다짜고짜 저주를 퍼붓는단 말인가? 그와 같은 행태는 바람직하지 못하다. 오직 일방적인 자들만이 그렇게 한다. 그들은 천민이니까.

그런 일은 그들 스스로 자신을 충분히 사랑하지 않아 일어난다. 만약 자기 자신을 충분히 사랑한다면 다른 사람들이 자기를 사랑하지 않는다고 해서 그처럼 분노를 쏟아내지는 않을 것이다. 모든 위대한 사랑은 단지 사랑만을 원하지 않는다. 모든 위대한 사랑은 언제나 사랑 그 이상의 것을 추구한다.

그러므로 당신은 일방적인 자들을 피해야 한다. 그들은 병들고 초라한 방식으로 세상을 살아가는 천민이다. 그들은 삶을 무조건 부정적으로 생각하며, 간사하고 악랄한 눈빛으로 세상을 응시한다. 다시 말하건대, 당신은 일방적인 자들을 피해야 한다. 그들은 너무 무거워 춤출 줄 모른다. 그들에게 대지는 결코 가벼울 수 없다.

020
고양이처럼 기분 좋게

좋은 사물들은 둥글게 곡선을 그리며
부드럽게 목표에 다가간다.
고양이처럼 몸을 둥글게 말아
가까이 있는 행복 앞에서
기분 좋게 갸르릉대는 소리를 낸다.
좋은 사물들은 절대 미소를 버리지 않는다.

당신은 지금 자신의 길을 가고 있는가?
아니면, 잘못된 길을 가고 있는가?
당신의 걸음걸이만 봐도 그 답을 알 수 있다.
진실로 자신의 목표에 다가서는 사람은
춤을 추듯 유연하게 걸어간다.

021
웃는 것을 배워라

당신이 실패했다고 해서
도대체 무엇이 문제란 말인가?

아직도 얼마나 많은 일이 가능한가!

모쪼록 당신 자신을 넘어서서
환하게 웃는 것을 배워라.
당신의 마음을 북돋워 높여라.

당신은 멋지게 춤추는 사람,
높게!
더 높게!
멋지게 웃음 짓는 것을 절대 잊지 마라.

022
가장 나쁜 것조차

자기가 행복하다고 느끼면서도 왠지 몸이 무거운 사람들이 있다. 물론 천성적으로 무거운 발을 가진 사람들도 있다. 그들은 마치 코끼리가 물구나무서기를 하려는 것처럼 기이한 몸짓을 내보이고는 한다.

하지만 그렇더라도 행복하다고 느끼면서 바보 같아 보이는 것이 불행 탓에 바보가 되는 것보다는 낫다. 힘겹게 뒤뚱거리기보다는 어설프게나마 춤을 추는 편이 낫다는 말이다. 가장 나쁜 것조차 두 가지의 썩 괜찮은 이면을 갖는다는 사실을 알아야 한다. 하루빨리 그 지혜를 깨우쳐야 한다.

다시 강조하건대, 가장 나쁜 것조차 춤추기 좋은 다리를 갖고 있다. 그러니 슬픔에 빠져 허우적거리지 마라. 모든 천민의 슬픔에서 벗어나라.

023
바람처럼 행동하라

바람처럼 행동하라!
산 위에서 불어오는 거센 바람처럼!

바람은 자신의 리듬에 맞춰 춤을 춘다.
그 바람의 발아래에서 바다가 일렁인다.
그리고 바람은 나귀들에게 날개를 달아준다.
암사자들의 젖을 만들어 새끼를 키우게 한다.

아, 이토록 황홀하고 자유분방한 정신이여!

모든 하루와 천민들에게 폭풍처럼 불어닥치는
바람의 정신을 추앙하라!

024
내면의 짐승

공포는 인간의 태생적 감정이자
근본적 감정이다.
인간의 공포를 이해해야
죄와 덕에 대해 설명할 수 있다.

그 가운데 맹수를 향한 공포는
가장 오랜 세월 인간의 마음에 깃들어 있다.
그 맹수의 공포 중에는
인간이 자신 속에 숨겨두고 키우는 것도 있다.
그것을 가리켜 '내면의 짐승'이라고 한다.

025
늠름하고 아름다운 저녁

오늘이 끝나간다.

어느새 저녁이 찾아온다.

멋진 기사(騎士)와 같은 모습으로

저녁이 바다를 넘어 말을 타고 달려온다.

저녁은 복된 자이며,

집으로 돌아오는 자이다.

저 늠름하고 아름다운 저녁을 보라!

저녁이 자신의 말안장에 앉아 있다.

이곳으로 용맹하게 달려오고 있다.

붉어진 하늘이 환한 눈길로 그 모습을 바라본다.

세계는 깊이 누워 있다.

026
깊이 생각해보라

깊이 생각하고 또 생각해보라. 당신의 손가락을 코끝에 갖다대보라. 정녕 양심에 거리끼는 것이 하나도 없단 말인가?

정신을 너무 많이 소유한 자는 외려 어리석고 둔하고 사리에 어둡기 십상이다. 당신 역시 자신의 충만함과 지혜 때문에 나귀처럼 변할 수 있다. 현자로 일컬어지는 자가 누구보다 더 굴곡진 길에 접어들기도 하지 않나.

지금 당신의 눈은 밝게 빛나고 있다. 어쩌면 고결함이라는 두꺼운 외투가 당신의 추악함을 덮고 있는 것은 아닐까? 당신은 대체 어떤 일을 저질렀는가?

027
주의를 기울여라

　한밤이 다가온다. 나는 낡은 종(鍾)이 속삭이듯 당신에게 들려주고 싶은 이야기가 있다. 한밤의 낡은 종은 은밀하고, 경이롭고, 진지하다. 그 종은 아주 오래전부터 인간 심장의 고통스런 박동을 헤아려왔다. 그러니 한밤의 종이 내뱉는 탄식에 귀 기울여보라. 늙었을 뿐만 아니라 깊디깊은 한밤의 종이 미소 지으며 나직이 소곤대는 말을 들어보라.

　조용히 하라. 한밤이 되자 낮에는 들을 수 없었던 이야기가 들려온다. 어디서 서늘한 바람이 불어온다. 이제야 당신 마음속에 휘돌던 온갖 소란이 잠잠해진다. 밤마다 깨어 있는 영혼 속으로 무언가 가만가만 잠겨든다. 한밤의 종이 내뱉는 탄식에 귀 기울여보라. 한밤의 종이 은밀하고, 경이롭고, 진지하게 속삭이는 이야기를 유심히 들어보라. 인간들이여, 주의를 기울여라!

028
나를 내버려두어라

나를 그냥 놓아두어라. 지금 이대로 나를 내버려두어라. 그대들이 간섭하기에 나라는 존재는 너무나 정결하지 않나?

부디 나를 내버려두어라. 건드리지 마라. 이제 막 나의 세계가 완성되지 않았나? 나의 피부를 그대들의 손길로 더럽히지 마라. 그러기에는 내가 너무나 순결하지 않나? 나를 그냥 놓아두어라. 지금 이대로 나를 내버려두어라. 그대들의 낮은 얼마나 둔하고 어리석은가? 나의 한밤이 더 밝지 않은가?

모름지기 이 대지의 주인은 더없이 깨끗한 자들이어야 한다. 가장 비밀스런 자들, 가장 강력한 자들, 낮보다 더 밝고 더 깊은 한밤의 영혼들이 이 대지의 주인이어야 한다.

029
가버렸구나, 청춘이여

나란 존재는 과연 무엇인가?
술 취한 감미로운 리라(lyra)인가?

나는 아무도 알아듣지 못하지만 말해야 하는
한밤의 리라.
두꺼비처럼 알 듯 모를 듯 웅얼거리는
한밤의 종.

그대들은 결코 나를 이해하지 못하리.
아! 가버렸구나, 청춘이여!
나의 정오여! 오후여!
이제 저녁이 오고 한밤이 되었구나.
어디서 개가 짖고 바람이 울먹인다.

030
고통이 말하는 것

쾌락은 상속자도 아이들도 바라지 않는다. 쾌락은 오로지 자기 자신과 영원과 회귀를 바랄 뿐이다. 영원한 자기 동일성을 원할 뿐이다.

그러나 고통은 말한다. "가라, 사라져라, 고통이여!"라고. 모든 고통 받는 자들은 살기를 소망한다. 성숙하기 위해, 기뻐하기 위해, 그리워하기 위해. 좀 더 멀리 있는 것, 좀 더 높이 있는 것, 좀 더 밝은 것을 만나기 위해.

그러면서 고통은 덧붙인다. "나는 상속자를 원한다. 아이들을 바란다. 나는 나를 갈망하지 않는다."라고.

또한 고통은 말한다. "마음이여, 방황하라! 갈기갈기 찢겨 피 흘려라! 날개여, 날아올라라! 가라, 사라져라, 고통이여!"라고.

031
쾌락은 원한다

모든 쾌락은 만물의 영원을 원한다. 꿀과 앙금과 술에 취한 깊은 밤을 원한다. 무덤, 그리고 무덤의 눈물어린 위안과 금빛 저녁노을을 원한다. 아, 쾌락이 원하지 않는 것이 무엇이랴?

쾌락은 고통보다 더 간절하다. 더 목마르고, 더 굶주리고, 더 경이롭고, 더 비밀스럽다. 쾌락은 자기 자신을 물어뜯으며, 자기 자신까지 원한다. 쾌락은 사랑과 더불어 미움을 원한다. 쾌락은 지나치게 풍요로우며 누군가에게 베풀기를 원한다. 어느 누군가에게 자기를 받아들여달라고 애원하면서, 자신을 받아들이는 그 사람에게 한없이 감사해한다. 또한 쾌락은 기꺼이 증오의 대상이 되기를 원한다.

032
당신의 빛을 받아들일 존재가 없다면

당신은 위대한 별이다.
당신의 깊고 고요한 눈이 행복으로 반짝이다.

하지만 당신이 그 빛을 비추더라도
그것을 받아들일 존재가 없다면 어떠하겠는가?
그때 당신의 행복이 다 무슨 소용인가?

당신이 잠에서 깨어 무언가를 베풀려 해도
당신의 빛을 받아들일 존재가 없다면
자부심으로 가득했던 당신의 행복은
얼마나 치욕스러울 것인가?
얼마나 분노할 것인가?

033
나에게 길을 묻는다면

"이 길로 가야 하나요?"
누군가 나에게 묻는다.

"이것은 나의 길이오.
당신의 길은 어디에 있소?"
나는 그에게 이렇게 대답한다.

나는 그에게 나의 길을 가르쳐주지 않는다.
왜냐하면,
애초에 길은 존재하지 않기 때문이다.

034
적에 대한 사랑은 가능한가

그는 잊어버렸다. 다른 사람들이 자신에게 행한 모욕과 비열하기 짝이 없는 행위를. 그는 그런 일을 전혀 기억하지 못한다. 이미 망각했기 때문에 용서할 수도 없는 노릇이다.

그는 어떤 인간인가?

인생을 살아가다 보면 수많은 벌레들이 우리의 몸을 파고들게 마련이다. 그 벌레들이 우리를 갉아먹기 일쑤다. 그런데 그는 그 벌레들을 단박에 털어낼 수 있는 인간이다. 단 한 번의 시도로 우리의 몸을 갉아먹는 벌레들을 퇴치하는 것이다.

그렇다면 적에 대한 사랑은 가능한가? 오직 그처럼 다른 사람들이 자신에게 행한 모욕과 비열하기 짝이 없는 행위를 잊어버린 경우에만 그럴 수 있을 것이다.

035
나는 두려워하지 않는다

세상을 향한 나의 질문이 어떤 결과를 가져오든 상관하지 않는다. 나의 질문 때문에 밝혀지는 진실이 더없이 추악할지언정 나는 두려워하지 않는다.

의문을 갖는다는 것은 진실을 구한다는 것. 나는 진실을 모르는 휴식과 평화를 원하지 않는다. 나는 세상이 덮어둔 진실의 뚜껑을 열고 싶다. 설령 그것이 너무나 오염되어 불쾌하기 짝이 없는 진실을 확인하게 하더라도 후회하지 않겠다. 다른 사람들이 두려움에 떨며 망설일지라도 나는 용기 내어 반드시 그 진실을 꺼내볼 것이다.

이토록 혼란한 세상에서, 나는 결코 타협하지 않는다. 나의 의지는 갈수록 더 단단해지고 있다.

036

자연의 인간으로 돌아가라

가식적인 생각과 말을 버려라. 그것은 인간의 허영이 빚어 내는 오래된 거짓 장식이다. 인간의 무의식이 간직하고 있는 잡동사니다. 얼핏 금박 입힌 보물처럼 보일지 모르나 위조된 가짜 금가루일 뿐이다.

우리는 하루빨리 거짓 장식에서 벗어나야 한다. 대신 그 아래에 묻혀 있는 '자연의 인간'이라는 원전(原典)에 주목해야 한다. 우리는 그동안 자연의 인간이라는 원전을 허황하고 서 툴기 짝이 없는 솜씨로 해석해왔다. 너무나 공허한 몽상과 본 질적이지 않은 의미들로 덧칠해온 것이다. 그러므로 이제 우리는 인간을 자연으로 되돌려 번역해야 한다. 자연의 인간이라는 원전에 충실해야 한다.

037
화석이 아닌 살아 있는 물고기를

밖으로 나가 자신의 손으로 살아 있는 물고기를 낚아라. 자신의 생각을 단련해 그 속에서 자신의 의견을 건져 올려라. 타인의 낡은 의견에 안주하는 것은 살아 있는 물고기가 아니라 화석이 되어버린 물고기를 구하는 것과 다를 바 없다. 자신의 의견을 갖기 위해 분투하지 않는 인간은 그런 화석을 구하기 위해 돈을 지불하기도 한다.

말하나 마나, 이미 화석이 되어버린 물고기는 살아 움직이지 않는다. 그 어떤 생기도 느낄 수 없다. 언제나 그 자리에 꼼짝없이 정체해 있을 뿐이다. 그럼에도 자신의 의견을 갖는 것에 게으른 인간은 그처럼 생명 없는 물고기에 집착하는 어리석음을 보인다. 타인의 낡은 의견에 휘말려 살아가는 것이다. 세상에 그런 인간이 적지 않다.

038
무엇보다 자신을 사랑하라

무엇보다 자신을 사랑하라.
스스로 자신을 하찮게 여기지 마라.
자신을 보잘것없이 생각하면
스스로 자신을 초라하게 만들 뿐이다.
자신감을 잃어 점점 더 우스워질 뿐이다.

무엇보다 자신을 사랑하라.
그래야만 잘못된 언행을 경계해
다른 사람들로부터 비난받지 않는다.
더 나아가 미래를 꿈꾸는 원동력이 된다.
그러니, 무엇보다 먼저 자신을 사랑하라.

039

기꺼이 시련을 감당하라

자기 자신에게 시련을 주어라. 스스로 고난의 풍랑을 감당하라. 그 시련에 대해서는 오직 자기 자신만 알게 하라. 기꺼이, 그리고 조용히, 고난의 풍랑을 견뎌내라.

인간은 다른 사람들과 상관없는 일에서 정직함을 잃지 않는다. 혼자 있는 상황에서는 자기 자신에게조차 거짓말을 하지 않을 수 있다. 그러므로 자기 자신에게 스스로 준 시련은 값진 경험이 될 것이다. 머지않아 고난의 풍랑 같은 그 시련을 극복했을 때, 자기 자신을 더욱 존중할 수 있으리라. 진정한 자존심을 가질 수 있으리라. 또한 그것은 자기 자신에게 자심감이라는 크나큰 선물을 안겨 주리라.

040
행동하는 위대함

훌륭한 의견을 내는 사람들은 위대하다고 평가받는다. 그들의 이야기가 깨달음에 이르게 하기 때문이다. 하지만 위대한 사람들은 단지 훌륭한 의견을 내는 데 그치지 않는다. 알고 보면, 그들은 모두 행동하는 사람들이기도 하다.

그들은 자신이 보람을 느끼며 할 수 있는 일을 선택한다. 그 밖에 분에 넘치는 일에는 빠져들지 않는다. 그들은 자신의 일에 온 힘을 쏟아 변화를 이루어낸다. 그리고 그 일이 결과를 얻을 때까지 최선을 다한다.

그들은 자신의 일을 하면서 잔꾀를 부리지 않는다. 괜히 성가셔 하며 게으름을 피우지도 않는다. 다만 그와 같은 자발적 행동이 다른 사람들의 눈에는 잘 띄지 않을 뿐이다. 그래서 그들은 진정 위대한 사람으로 불리기에 부족함이 없다.